Runte   Wie Frauen fremdgehen

Gisela Runte
Wie Frauen fremdgehen

Die Deutsche Bibliothek – CIP-Einheitsaufnahme
Runte, Gisela:
Wie Frauen fremdgehen / Gisela Runte. – Kreuzlingen ;
    München : Hugendubel, 2002
    (Sphinx)
    ISBN 3-7205-2293-8

Lektorat: Claudia Göbel
Textredaktion: Karen Harbs, Sauerlach/München
Umschlaggestaltung: Zembsch'Werkstatt, München
Produktion: Maximiliane Seidl
Satz: EDV-Fotosatz Huber/Verlagsservice G. Pfeifer,
Germering
Druck und Bindung: Huber, Dießen
Printed in Germany

ISBN 3-7205-2293-8

Inhalt

EINLEITUNG

Auch Frauen gehen lustvoll fremd

Die Motivation für dieses Buch liegt im Grunde in meinem strapazierten mathematischen Verständnis. Es wollte mir nie in den Sinn, wie es rein rechnerisch hinkommt, dass Männer fremdgehen und Frauen nicht. Ich fragte mich, mit wem denn all diese Männer fremdgehen, wenn die Welt in etwa zu gleichen Teilen aus Männern und Frauen besteht. Es sind ja für all diese Männer nicht neben den eigenen Partnerinnen genauso viele geschlechtsreife und freie Frauen vorhanden, mit denen sie eine außereheliche Beziehung unterschiedlicher Couleur unterhalten könnten. Und obwohl viele Männer auf »Freiersfüßen« zu Prostituierten gehen, müssen doch zwangsläufig viele von ihnen auch mit Frauen fremdgehen, die ihrerseits gebunden sind. Gehen dann nicht folgerichtig diese Frauen auch fremd?

Ganz konnte ich auch nie der Theorie Glauben schenken, Männer müssten ihrem Trieb nachgeben, und dies sei natürlich und männlich, während Frauen dies nicht tun sollten oder dieses Triebleben gar nicht hätten. Ihnen ginge es angeblich eher um die romantische Liebe und das Kinderkriegen. Vielleicht gestatten boshaftere Zungen auch eher das Motiv, dass sie möglichst gut versorgt sein wollen.

Das gesellschaftlich konstruierte Bild unterstützt diese Idee. Es gibt das Bordell für den Mann, den Harem, den Telefonsex, die Vielehe und die Peepshow, es gibt hohe Auflagen von pornographischen Illustrierten und Videos. Das alles und mehr gibt es für den triebgesteuerten Mann. Und er gibt durch seine Kaufkraft der Wirtschaft Recht, die durch sexualisierte Werbung die unerotischsten Produkte mit großem Erfolg an den Mann bringt.

Und die Frauen? Alles gnadenlose Romantikerinnen, süchtig nach der reinen Liebe, immer auf der Suche nach einem Vater für ihre Kinder?

Wir kennen das Phänomen aus allen möglichen und unmöglichen Zusammenhängen, dass Heldentaten gepriesen und Heldinnentaten verschwiegen werden. Unendlich viele Beispiele ließen sich hier aufzählen aus Geschichte, Politik, Kunst, Musik oder Handwerk und aus dem alltäglichen Leben. Auch wird Frauenarbeit geringer honoriert als Männerarbeit, Haus- und Kindererziehungsarbeit gar nicht entlohnt.

Was den Mann betrifft und was er leistet und braucht, wird seit eh und je laut und deutlich verhandelt. Auch seine Triebbefriedigung wird öffentlich organisiert. Frauen wird dies nicht zugestanden.

8

Wenn ich mir vorstelle, dass es noch gar nicht so lang her ist, dass Mätressen für Männer genauso normal waren wie die Todesstrafe durch Steinigung für den weiblichen Ehebruch, dann ist es leicht zu erklären, dass Frauen nicht über außereheliche Erfahrungen sprechen. Ein Mann brüstet sich gern mit vielen Frauen, die er »gehabt« hat (was immer das heißen mag), weil es von seinem starken Triebleben zeugt und ihn männlich erscheinen lässt, während es Frauen nicht ziert »herumzuhuren«. Es interessiert die Welt nicht, was Frauen denken, wollen, tun und leisten. Es interessiert, dass sie sich wohlverhalten.

Sie dürfen auf Sexualobjekte reduziert locken und reizen, halb nackt von den Litfaßsäulen lächeln, sich lustvoll auf Tischen räkeln und auf ihnen tanzen, sich hinter Gittern und auf Drehscheiben winden, ganz so, als hätten sie nichts anderes als Sex im Sinn. Wehe aber, sie überschreiten eine gewisse Altersgrenze, ignorieren genormte Körpermaße oder signalisieren etwa ein eigenes Interesse an Sexualität, dann werden sie der Lächerlichkeit preisgegeben, überhört, übersehen oder gar noch härter bestraft.

So verständlich die weibliche Verschwiegenheit durch die Historie der Frauen auch ist, sie hat ihren Preis. Je weniger Frauen sich über die Wahrheit, ihre Wahrheit äußern, desto größer und bunter können Interpretationsversuche gedeihen. Auch heute noch wird Frauen unterstellt, dass sie ganzheitlich lieben. Auf den ersten Blick eine unglaubliche Fähigkeit, die uns zugesprochen wird, in einer hochneurotischen und unperfekten Welt eine wirkliche Leistung. Ich selbst glaube allerdings nicht, dass meine Geschlechtsgenossinnen diese Leistung in Vollkommenheit erbringen. Diese Idee muss von einer Art Marienverständnis getragen sein, das Frauen eher enorm unter Druck setzt und ihnen ganz und gar nicht gerecht wird.

Dahinter steht ebenfalls die Idee, dass Frauen weniger triebgesteuert lieben und leben müssen und wollen. Ich stimme der Aussage zu, dass sie sich in Zeiten vor der Empfängnisverhütung nicht sehr leichtfertig auf einen One-night-stand eingelassen haben werden, da er fatale Folgen für ihr Leben haben konnte. Welche Frau geht da schon unkontrolliert ihren Trieben und Lüsten nach? Darum denke ich auch, dass Frauen eine jahrtausendealte Schulung im Umgang mit Trieben, Gefühlen und Impulsen haben, die sie sehr von Männern unterscheidet. Ich kann mir jedoch nicht vorstellen, dass deshalb ein Grundbedürfnis eines ganzen Geschlechts schlicht ausgemerzt wurde.

Frauen, davon war ich überzeugt, haben durch ihre weibliche Sozialisation und durch ihre Lebenszusammenhänge eine andere Art mit den Dingen des Lebens umzugehen, auch mit der Liebe, mit dem Sex, mit Gefühlen, Gelüsten und mit Beziehungen. Ich wollte mich nicht weiter in Spekulationen ergehen, sondern wollte es wissen. Ich habe unterschiedliche Frauen befragt und während der Interviews einige Überraschungen erlebt.

Die von mir interviewten Frauen leben in unterschiedlichen Lebensumständen. Ihr Alter liegt zwischen 28 und 56 Jahren. Sie sind kinderlos oder Mütter mit bis zu drei Kindern. Sie leben derzeit allein, mit Partner oder Ehemann, mit Familie. Beruflich bewegen sie sich auf allen Gebieten. Sie sind Hausfrauen, Handwerkerinnen, Bürokauffrauen, Geschäftsführerinnen, Akademikerinnen. Sie sind groß oder klein, dick oder dünn und in jeder Hinsicht ganz normale Frauen.

Sie mögen sich fragen, wie ich meine Interviewpartnerinnen fand und warum sie über solch intime Dinge sprechen wollten. Das Thema hat mich interessiert und ich unterhielt mich zuerst höchst privat und persönlich mit Freundinnen und Bekannten darüber. Als die Idee aufkam, das Gehörte der Öffentlichkeit zugänglich zu machen, fing ich an, die Gespräche aufzunehmen. Per Mundpropaganda fragten mich immer mehr Frauen nach meiner Absicht und meldeten sich freiwillig zum Interview. Diese hohe Gesprächsbereitschaft erklärt sich u.a. aus dem Bedürfnis, lang gehegte intime Erfahrungen und Gedanken endlich mit einer zweiten Person zu teilen, die ihnen wertfrei gegenübersteht. Dies war ein Stück Verarbeitungsmöglichkeit für sie persönlich. Ganz offensichtlich war aber bei allen die Freude darüber, endlich einmal die Wahrheit sagen zu können und wiederum mich zu interviewen, wie denn meine anderen Gesprächspartnerinnen »die Sache« sehen.

Bei meinen Interviews habe ich keinen Frage- und Antwortkatalog benutzt. Zu Anfang der Gespräche fragte ich, wann die Frauen eine Affäre oder Beziehung das erste Mal als Fremdgehen empfanden, wie es dann weiterging und später, wie sie damit umgegangen sind. Damit wollte ich möglichst viel Subjektivität gewährleisten und nicht Antworten erhalten, die schon durch die Art des Fragens gefärbt sind. Die Namen meiner Interviewpartnerinnen habe ich geändert. Auch habe ich immer nur kurze Auszüge aus den Interviews verwendet, um ein Wiedererkennen unmöglich zu machen.

Erstaunlich war für mich, dass es auch für ein und dieselbe Frau in ihrem Leben nicht ein durchgängiges Erklärungsmuster gibt, sondern ganz unterschiedliche Gründe, sich auf einen anderen Menschen als den angestammten Lebenspartner auch sexuell einzulassen. Es lag mir fern, Schuld zuzuweisen, zu moralisieren, tiefenpsychologisch zu ergründen oder zu entschuldigen. Ich wollte hören, wie es geschieht und die Frauen selbst fragen, was sie glauben, warum es passierte. Wenn Frauen fremdgegangen sind, steht spätestens nach dieser Tat die Frage im Raum, wie sie damit umgehen wollen. Wie soll diese Beziehung gestaltet, wie mit der anderen verbunden und wie innerlich verarbeitet werden? Auch hier gibt es eine ungeheure Vielfalt von Möglichkeiten, abhängig von der Persönlichkeit und Geschichte der jeweiligen Frau und der beteiligten Menschen.

Warum auch immer Sie dieses Buch zur Hand genommen haben, ob Sie Gleichgestimmte finden und nicht allein mit dem Erlebten bleiben wollen, ob Sie hören wollen, wie andere damit umgehen, weil Sie sich nicht trauen, es zu tun oder nicht wissen, wie Sie es verdauen sollen, weil Sie nicht verstehen, wieso Frauen es tun … vielleicht ist Ihr Interesse auch gespeist durch dieses Gefühl des Unbehagens, einfach nicht in die gesellschaftlich vorgegebene Schablone für weibliche Sexualität zu passen. Sie befinden sich mit diesem Unbehagen in guter Gesellschaft, wie Sie in diesem Buch lesen können.

WIE FRAUEN FREMDGEHEN

Einer war mir nicht genug

»Warum soll ich nur einem gefallen? Der Mond und die Sterne gehör'n doch auch allen«, sang Zara Leander einst mit tiefer Stimme, und dieser Satz gilt auch heute noch für viele Frauen.

Viele Frauen fühlen sich durch ihre Lebensgefährten nicht ausreichend sexuell befriedigt. Dies gehört zu den Erkenntnissen, die bei Männern am unbeliebtesten sind. Diese Tatsache aber mit einem Mann offen zu besprechen – mit dem Betreffenden, nicht mit irgendeinem verständnisvollen Seelentröster –, gehört zu den schwierigsten Dingen in einer Beziehung. Die Erfahrung der Frauen zeigte, dass sie es vielleicht ansprechen, in günstigen Fällen eventuell sogar besprechen konnten, eine Veränderung im konstruktiven Sinn war jedoch in keinem der vorliegenden Fälle die Folge.

Die Angesprochenen reagierten fast durchgängig schockiert und gekränkt oder wütend. Es kam auch vor, dass sie anscheinend gar nicht reagierten. Dies mag unvorstellbar erscheinen, ist aber Realität. Frauen beschrieben, wie ihre Gesprächspartner zwar während des Gesprächs körperlich anwesend waren, aber keinerlei Reaktion zeigten. Oder aber sie verkehrten das Gesagte ins Gegenteil. Damit ist eine Art Gegenanklage gemeint, wie z.B.: »Das ist ja auch kein Wunder, dass ich keinen Bock hab, wenn ich nach Hause komme und schon das Gefühl habe, dass …«

So manche Frau kann ein Mann zum Schweigen bringen, wenn er sie wegen ihrer Vermessenheit, sich über seine mangelnde Potenz, Zuwendung oder Lust zu beschweren, versucht zu erniedrigen oder abzuwerten. Er vergleicht sie mit vermeintlich attraktiveren Frauen (nicht unbedingt nur körperlich attraktiveren!), macht Anspielungen auf ihren Stilwechsel, den sie eigenmächtig vorgenommen hat, auf die Tatsache, dass sie drei Kilo zugenommen oder dreißig Zentimeter Haar abgeschnitten hat. Sollte das auch nicht helfen, gibt es noch immer die Möglichkeit, die Frau zu pathologisieren. Sie sei diejenige, die eine zu hohe Libido habe, die nie zufrieden sei, die ihre Weiblichkeit zu sehr über die Sexualität bestätigt sehen wolle, die zu abhängig davon sei, die bestimmt in der Vergangenheit unbewusst Sexualität mit Zuwendung verwechselt habe und jetzt nicht ohne leben könne usw.

Das bringt Frauen meist zum Zweifeln, zu Selbstzweifeln und zum Verstummen. Vielleicht findet sie sogar in irgendeinem Eckchen ein Körnchen Wahrheit. Vielleicht entschuldigt sie sich. Damit ist der Fall für ihn meist erledigt. Eine Teilentschuldigung reicht, um auch die anderen Gesprächsinhalte vom Tisch zu wischen. Wenn sie den Wahrheitsgehalt in einigen Punkten zugibt, kommt das bei Männern seltsamerweise fast einer vollständigen Rücknahme des von ihr Beklagten gleich.

Lisa kann ein Lied davon singen, wie schwer es ist, dieses heikle, hochsensible Thema mit Sexualpartnern zu besprechen. Sie meint: »Das ist nicht Kunst, das ist Akrobatik.« »Kastrierend« seien wir Frauen dann, sagte ein Kollege und Psychoanalytiker. Er führte aus, dass es für Männer eine unbeschreibliche Kränkung ihrer Männlichkeit sei, hierbei kritisiert zu werden. So provoziere die Frau eine Situation, die ihren Mann unter Druck setze. Dieser Druck wiederum mache Lustentwicklung fast unmöglich.

Das ist nachvollziehbar. Trotzdem fragt man sich: Ist nicht auch die Frau in ihrer Lust »kastriert«, wenn ihr die gelebte (oder schon siechende?) Sexualität mit ihrem Partner nicht ausreicht?

Es gibt viele Wege, den Frauen die Lust vergehen zu lassen. Selbstwertminderung ist ein großartiges Mittel, die Lust an sich selbst zu töten. Wenn junge Frauen immer wieder mit genormten Körpern torpediert werden, die mit Sexualität auf offene und subtile Weise in Zusammenhang gebracht werden, genieren sie sich häufig genug für ihren eigenen, nicht so perfekten Körper, versuchen sich unsichtbar zu machen oder sich den Normierungen anzunähern. Diese dauernde Selbstkasteiung kann einem in der Tat die Sinnesfreuden nehmen. Leider geht sie bei jungen Frauen oft bis zur lebensgefährlichen Magersucht. Die Erfahrungen der Befragten sind nicht solch dramatischen Ausmaßes. Es geht vielmehr um das normale alltägliche Leben in Beziehungen. Bei den Lebensgefährten der Frauen handelt es sich nicht um besonders machthungrige oder sadistische Männer.

Es sind auch nicht die ausgemachten Grobiane gemeint, nicht die fußballbegeisterten Eckkneipengänger, die jeden Samstagabend sturzbetrunken in das eheliche Bett fallen. Es handelt sich auch nicht um jene Männer, die sich nicht trauen, einer Frau – aus Treue zur Mama – sexuell zu begegnen. All diesen Stereotypen möchten wir wohl die Rolle des lustlosen, groben und seine Frau nicht begehrenden, sondern nur benutzenden Mannes zugestehen. Es geht auch nicht allein um langfristige Beziehungen, aus denen manchmal die erotische Anziehung gewichen ist oder um Beziehungspartner höheren Alters. All das wäre akzeptabel, nicht wahr? All das hätte eine wunderbare Erklärungsgrundlage, wäre nicht so beunruhigend, nicht so dicht dran.

Nein, es handelt sich um ganz normale Beziehungen. Die Spanne reicht von Wochenendbeziehungen bis hin zur Ehe unter einem Dach mit und ohne Nachwuchs. Frauen können in der Tat eine so hohe Libido haben, dass sie sich durch einen Mann nicht befriedigt fühlen. Das heißt, dass eine Frau u.U. mehr Lust auf Sex hat als ihr Partner. Das kann auch heißen, dass sie mehr Lust auf Sex mit ihm hat als er mit ihr. Habe ich Sie dabei ertappt, dass Sie diese Frauen umgehend für nymphoman erklärt haben? Auch da müsste ich Sie enttäuschen.

Dass der eine nicht ausreicht, kann natürlich viele Gründe haben. Bei aller Liebe, die Anne (heute 52, damals 23 Jahre alt) für ihren Mann empfand, erlebte sie ihn im Bett als überhaupt nicht aufregend. Anne ist eine attraktive 52-jährige Frau, die sich durch selbstständige Arbeit erfolgreich am Leben erhält, einen riesigen Freundes- und Bekanntenkreis pflegt und in ihrem eigenen Haus allein lebt. Ihr derzeitiger Partner wohnt ebenfalls in seiner eigenen Wohnung im gleichen Ort. Zum Thema Unbefriedigtsein berichtet sie aus ihrer geschiedenen Ehe: »Ich war in erster Linie sexuell unzufrieden mit meinem Mann. Es war mir einfach zu langweilig. Ich hatte zwar mit 23 Jahren noch keine anderen Erfahrungen damals, aber ich konnte mir nicht vorstellen, dass das alles sein sollte, wovon Bände von Büchern handeln und um das *so* viel Tamtam gemacht wird.«

Durch die räumliche Trennung in einer langjährigen Wochenendbeziehung fand Sexualität für Anja einfach zu selten statt. Zu dieser Zeit war sie knapp über 30 Jahre alt und wohnte aus beruflichen Gründen räumlich von ihrem Freund getrennt. Sie bewohnte allein eine hübsche Zwei-Zimmer-Wohnung. Hin und wieder gönnte sie sich einen One-night-stand, weil sie keinerlei Bedürfnis nach einem andauernden, mit ihrer Beziehung konkurrierenden Liebesverhältnis hatte. Sie liebte ihren Partner, wollte aber öfter Sex, als es mit ihm möglich war. Sie beschrieb es als rein körperliches Bedürfnis.

Hiltruds Mann wiederum hatte eine so enge und leidenschaftliche Beziehung zu seiner Arbeit, dass sie bei der Erotik einfach zu kurz kam. Sie selbst ist in leitender Position tätig. Ihr einziges Kind ist in der Pubertät und trotz langjähriger Beziehung und verantwortungsvoller Arbeit hätte sie ein großes Interesse an lebendiger Sexualität mit ihrem andauernd gestressten Ehemann gehabt. Irgendwann sah sie nicht mehr ein, warum sie darauf verzichten sollte, und ging einige Male fremd.

Ursula (42 Jahre) läuft tagsüber in dezent anthrazitfarbenen Hosenanzügen mit Akten unter dem Arm durch die Betriebe und organisiert Personalfortbildungen. Sie erklärt ihr Fremdgehen damit, dass sie wunderbare Wonnen dabei empfindet, unterschiedliche Körper zu spüren. Dabei hat sie eine große Vorliebe für Poformen und gibt an, ihnen einfach nicht widerstehen zu können. Diese durch ein Körpersignal verursachte Lust wird gemeinhin eher Männern unterstellt als Frauen.

Kichernd bezeichnet sich Silvia als Opfer ihrer Hormone, die in einem Rhythmus schwanken würden, den ein Mann, sprich: ihr Mann, nicht teile. Sie arbeitet handwerklich in einem typischen Männerberuf, vermeidet mit ihren Kollegen aber jeglichen persönlicheren Kontakt, da sie sich von ihnen nicht richtig verstanden glaubt.

»Opfer« der eigenen Hormone zu sein ist üblicherweise eine Begründung für männliche Seitensprünge. Einige meiner Interviewpartnerinnen belehren uns also eines Besseren, dass nämlich auch Frauen eine hohe Libido haben, die sie unter anderem sogar zyklisch unterschiedlich, ergo sehr hormonell gesteuert erleben.

Und schließlich hatte Petra (39 Jahre, ein Kind, selbstständig und als freie Dozentin sehr ausgebucht) das Problem, dass ihr langjähriger Partner es nicht ertrug, wenn die Initiative von ihr ausging. Dies ist natürlich eher ein psychologisches und kein biologisches Phänomen. So konnte sie jahrelang nur passiv auf seine Lust warten und hatte das Gefühl ihre eigene damit zu verraten.

Alle diese Frauen gehen ehrlich und unverblümt ihrem Bedürfnis nach, ohne Verzicht zu leisten, ohne zu sublimieren, zu rationalisieren, sich zu beschwichtigen. Sie handeln tatsächlich nach der Devise: »Was ich dort nicht kriegen kann, such ich mir eben woanders.«

Der Eindruck liegt fern, dass dies allzu leichtfertig geschah. Im ersten Moment mutet dieses Verhalten fast kaltblütig an. Ein Verhalten, das den Männern unterstellt wird, eine Art egoistischen und rücksichtslosen Handelns.

In den meisten Fällen hatten diese Frauen vorher aber auf unterschiedliche Art und Weise versucht, die Frequenz oder die Qualität der sexuellen Begegnungen mit ihren Partnern zu erhöhen. Sie haben z.B. versucht, offen mit ihnen über ihre Bedürfnisse und Unzufriedenheiten zu sprechen. Diese Versuche schlugen bei denjenigen, die es wagten, sprichwörtlich fehl. Der Betreffende fühlte sich getroffen, und zwar meist in der männlichen Ehre. Die sie kränkende Kritik führte eher zu noch größerer Unlust oder sogar zur sexuellen Verweigerung.

Andere Frauen übten sich in Verführungskünsten von romantischen Abendessen über Dessous bis hin zu »zufällig« liegen gebliebener erotischer Literatur. Wenn sie mehr als ein überraschtes: »Was ist mit dir denn los?« oder »Hab ich irgendwas vergessen?« erwirkten, war die Veränderung eher kurzfristig. Anne ließ sich zu der Bemerkung hinreißen, dass sie wohl nackt über den Küchentisch hätte springen können, ohne dass sich bei ihrem Mann viel Reaktion gezeigt hätte, wohingegen sie sich sicher war, dass der Minirockpopo einer Fremden in der Fußgängerzone vergleichsweise vitalisierend auf ihn wirkte. Diese nüchterne Beobachtung machte sie sich schlicht zunutze, anstatt darunter zu leiden. Sie stellte fest, dass andere Männer auf ihren Po wiederum dieselbe Reaktion zeigten. »Feldforschung« nannte sie das.

Sollten Sie als Leserin oder Anne selbst versucht gewesen sein, den Fehler in Ihrer fehlenden Ausstrahlung gesucht zu haben, belehren Sie die Angebote der anderen Männer eines Besseren. Statt zu darben oder sich jahrelang selbstkritisch in Frage zu stellen und sich ungenügend zu finden, nahm sie diese sonderliche Angewohnheit der Männer als gegeben hin und damit einige Angebote anderer an.

All diese Frauen hatten irgendwann keine Lust mehr, um die Lust zu kämpfen, bis sie ihnen verging. Die hier beschriebenen Änderungsversuche sind mit einem ungeheuren Energieaufwand oft über mehrere Jahre gelaufen. Was die Frauen dafür ernteten, war ein häufig gehörtes männliches Seufzen: »Was will sie bloß immer?«

Frauen wollen immer wieder über alles reden, »die Beziehung thematisieren« und ähnlich unbequemes Zeug. Dabei bräuchte er vielleicht nur einmal und dann richtig hinhören und eventuell auch antworten und sie bräuchte nicht wieder und wieder und wieder »davon« anfangen, bis sie ihm auf die Nerven geht. Nebenbemerkung: Ein hoher Prozentsatz geschiedener Männer soll nach eigener Aussage bis zum Richterspruch keine Ahnung gehabt haben, wieso die Angetraute die Verbindung beenden will. Ich denke, es ist die Konsequenz aus Tausenden von vergeblichen Kontaktversuchen, denen »plötzlich« Taten folgen.

Auch diese Frauen wollten und konnten nicht mehr warten bis sie sich »ausgedörrt und altjüngferlich« (Zitat Vanda) fühlten. Am schwierigsten war der Ausstieg aus dem Verzicht, wenn sie die Unlust des Partners durch sich selbst verursacht sahen und in der Selbstüberprüfung bis hin zur depressiven Selbstzerstörung gingen. Jedoch erging es diesen hier befragten Frauen an irgendeiner Stelle ihres Lebens wie Filippa im *Decamerone*. Sie wurde vor Gericht des Ehebruchs bezichtigt. Dafür drohte dereinst immerhin die Todesstrafe. Beherzt fragte sie die Urteilenden, was sie ihrem Mann denn genommen hätte, wenn sie ihre überreichliche Lust, die er in diesem Ausmaß nicht beantworten konnte, einfach einem anderen gäbe, statt sie ungenutzt verderben zu lassen. Immerhin wurde danach die Todesstrafe für weiblichen Ehebruch aus dem Gesetz entfernt!

Weg von der selbstzerfleischenden Nabelschau entschieden sich diese Frauen, sich das zu holen, was sie brauchten oder besser: Sie entschieden sich, das auszuleben, was sie ausleben wollten.

Das kann doch nicht alles gewesen sein

Ganz nah an dieses Gefühl, dass einer nicht genug ist, kommt die Hoffnung, dass das Erlebte noch nicht alles gewesen ist, was das Leben und die Liebe zu bieten haben. Dennoch unterscheiden sich die beiden Beweggründe im Detail wesentlich.

Im ersten Fall ist die Ursache fremdzugehen eine Unzufriedenheit mit der sexuellen Realität in der bestehenden Beziehung. Manchmal ist der Entschluss, die Bemühungen um Veränderung einzustellen und die Energien nach außen zu lenken, die Folge eines großen Leidensdrucks. Dem Gedanken, dass das Erfahrene noch nicht alles gewesen sein kann, muss nicht unbedingt eine solche Unzufriedenheit vorausgehen. Es ist durchaus möglich, dass die Partnerschaft als harmonisch und sogar sexuell befriedigend erlebt wird. Manche Frauen bezeichneten sie sogar als regelrecht glücklich.

Dennoch gibt es offensichtlich Situationen im Leben von Frauen, in denen sie »der Hafer sticht«. Dieses Gefühl wird beschrieben wie ein innerlich nach und nach aufkeimendes Lodern, eine Unruhe, eine Lust auf »Mehr«. Nicht das Bessere oder Beglückendere wird gesucht, sondern das über das Übliche Hinausgehende. Bei Männern wird diese Reaktion oft als Symptom ihrer Midlife-Crisis bezeichnet. Diese ist in der Biographie der Männer auf ein bestimmtes Lebensalter bezogen: Um das fünfzigste Lebensjahr herum »müssen« sie in einer Art Torschlusspanik nochmals ihr Leben verändern, sich ihre Lebenskraft und Attraktivität beweisen, angeblich eine Folge der Schwierigkeiten mit dem Altern.

Die Symptome, die die Frauen mir hier beschrieben, ähneln zwar denen, die für die Midlife-Crisis beschrieben wurden, lassen sich aber sicherlich nicht an ein bestimmtes Lebensalter binden. Es packte sie im Alter von 17 bis 52 Jahren. Dies ist bestimmt kein repräsentativer Schnitt, sondern ergibt sich einfach aus dem Alter der Befragten. Ohne Zwiefel verspüren auch noch Frauen, die um einiges älter als 52 Jahre sind, diese Gefühle.

Sie beschreiben es wie ein plötzliches Sichaufbäumen gegen die üblichen Strukturen, in denen sie bisher gelebt haben. Es trifft die 18-jährige Frau, die seit einiger Zeit einen Freund hat, ebenso wie die weit Ältere, die schon eine ganze Weile mit ihrem Partner lebt.

Anja, damals 19 Jahre alt und mitten in der Ausbildung zur Bürokauffrau, erklärt: »Es gab überhaupt keinen Grund, sich von Philip zu trennen. Er war völlig in Ordnung und auch auf sexuellem Gebiet hatte ich nicht zu klagen. Aber eines Tages wurde ich wach und dachte: Das kann doch nicht alles gewesen sein? Das kann doch jetzt nicht ewig so weitergehen. Ich will noch andere Erfahrungen machen.«

Lisa ist zwar zur Zeit des Interviews mit dem ersten Kind schwanger und lebt mit ihrem Partner unter einem gemeinsamen Dach, trotzdem findet sie es irgendwie komisch in einer Zeit, wo Flexibilität und Mobilität Schlagworte des Alltags sind, in der Partnerschaft plötzlich auf Beständigkeit und Dauer zu setzen. Monogamie in Zeiten des ständigen Wandels?

Häufig wurden die neuen Erfahrungen in den Interviews nicht als qualitativ besser beschrieben als das Leben zuvor. Manchmal waren sie sogar völlig enttäuschend. Trotzdem ist offensichtlich das Gefühl in Bewegung zu sein, in Aufregung dem Neuen gegenüber zu verfallen und vor allem, sich selbst neu zu entdecken von so großer Bedeutung, dass Frauen auch Enttäuschungen dafür riskieren.

»Hätte ich das nicht gemacht, hätte ich diesen Wesenszug an mir nie kennen gelernt.« So konstatiert Esther, Mutter zweier Kinder und z.Zt. im Erziehungsurlaub, nach einem unter vielen Mühen arrangierten Wochenendausflug mit einem Lover. Sie war zwar von der Begegnung mit diesem Mann letztendlich enttäuscht, bereute diese aufwändige, heimliche Aktion aber keinesfalls, weil sie eine Erfahrung ihrer selbst gemacht habe, die sie in ihrem sonstigen Leben vielleicht nicht gemacht hätte. In ihrem Fall ist damit gemeint, dass sie über ihre eigentlichen verinnerlichten Normen hinausgegangen ist. Sie hat sich etwas »herausgenommen«, ohne große vorherige Absprachen oder Vorsichtsmaßnahmen. Bis zu diesem Zeitpunkt verstand sie sich in erster Linie als pflichtbewusst und sicherheitsbedürftig. Jeder Schritt ihres Lebens war immer wohldurchdacht. In der Begegnung mit diesem Mann hat sie sich für ihre persönlichen Verhältnisse in ein in seinen Auswirkungen unvorhersehbares Risiko gestürzt.

Eine treibende Kraft nach Selbsterkenntnis in Resonanz mit dem Außen, nach Anregung durch Neues und das Erlebnis der Interaktion ist hier der Auslöser für das Fremdgehen. Dieser Grund wurde von den Frauen natürlich häufig nach der ersten Beziehung oder auch nach einer sehr langjährigen Partnerschaft angegeben. Dies ist aber nicht fundamentale Bedingung für den Wunsch nach Veränderung, Wandel oder Anregung. Auch Frauen, deren Beziehungen von kürzerer Dauer waren und daher naturgemäß schon viele Unbeständigkeiten erlebten, beschrieben diese Triebfeder.

Die Erzählungen erinnerten an Motive von Menschen ihre Wohnorte, Wohnungen, Urlaubsorte, Stammlokale oder Arbeitsstellen zu wechseln, unbezahlten Urlaub zu nehmen und eine große Reise zu planen. Die Ursache liegt hier nicht im Außen, im Fehlverhalten des Partners oder in Defiziten, die die Beziehung aufweist. Die Ursache ist vielmehr in der agierenden Person begründet, die sich ausdehnen und entwickeln will, ohne Leidensdruck zu verspüren. Vielleicht ist der einzige Auslöser die aufkommende Langeweile oder neutraler gesprochen das Fehlen neuer Inputs und Reize. Das Gewohnte und Beständige hat eine hohe Qualität, die nicht alle schätzen.

Interessanterweise war dieser Grund für das Fremdgehen der häufigste Trennungsgrund für die bestehenden Beziehungen.

Es war dabei nicht zwangsläufig so, dass das neue Liebesverhältnis die alte Partnerschaft ablöste. Es war, als wäre die alte Konstellation einfach bis ins Letzte ausgereizt. Die Entwicklungsmöglichkeit, die diese Beziehung geboten hatte, war schlicht abgeschlossen.

Lisa gibt dieser Begründung noch eine etwas andere Note: »Ständig wird von Fun gesprochen, von Spannung, Unternehmungen, Anregungen. Wir sollen geschmeidig und anpassungsfähig auf neue Situationen reagieren, beruflich flexibel und jederzeit

bereit sein, alle sozialen Strukturen für eine Arbeits-
stelle mal eben über den Haufen zu werfen. Bei all
dieser geforderten Offenheit und Sprunghaftigkeit
kann ich mir nicht vorstellen, dass man auf einem
Gebiet, sprich der Zweierbeziehung, dann plötzlich
auf ganz andere Werte setzt. Also ich kann dann
doch nicht – klick – mal eben umstellen auf für ›immer und ewig‹, oder?«

Das Gefühl, am Ende eines Lebensabschnitts angekommen zu sein, die bestehende Beziehung ausgereizt zu haben, ohne dass ein einschneidendes Ereignis dies deutlich macht, stellt Erich Kästner in einem
seiner Gedichte sehr plastisch dar.

Sachliche Romanze

Als sie einander acht Jahre kannten
(und man darf sagen: sie kannten sich gut),
kam ihre Liebe plötzlich abhanden.
Wie andern Leuten ein Stock oder Hut.

Sie waren traurig, betrugen sich heiter,
versuchten Küsse, als ob nichts sei,
und sahen sich an und wußten nicht weiter.
Da weinte sie schließlich und er stand dabei.

Vom Fenster aus konnte man Schiffen winken.
Er sagte, es wäre schon viertel nach vier
und Zeit, irgendwo Kaffee zu trinken.
Nebenan übte ein Mensch Klavier.

Sie gingen ins kleinste Café am Ort
und rührten in ihren Tassen.
Am Abend saßen sie immer noch dort.
Sie saßen allein, und sie sprachen kein Wort
und konnten es einfach nicht fassen.

Der Urlaubsflirt

Anders ist das beim Urlaubsflirt. Hier hat die Beziehung weder als defizitäre noch als überlebte eine so bedeutende Rolle, sondern die Situation des Urlaubs als solche. Unabhängig davon, wie die bestehende Partnerschaft aussieht, ist das Urlaubmachen selbst die ausschlaggebende Disposition für das Fremdgehen. Die Frau ist aus dem Alltag gerissen. Alles, was an Anforderungen, Gewohnheiten und Verpflichtungen das alltägliche Leben kennzeichnet, ist aufgehoben. Die übliche Zeit des Aufstehens und Frühstückmachens, die Versorgung des Kindes, des Haushalts und die Anforderungen der Arbeit entfallen. Man muss nicht ans Telefon, nicht einkaufen, nicht aus Vernunft früh schlafen gehen, um am nächsten Tag fit für die Arbeit zu sein. Es kommt keine unangenehme Post, die Waschmaschine schweigt, der Müll muss nicht entsorgt werden. Frei!

Frei von Alltag, frei von Verpflichtungen, frei von der gewachsenen Partnerschaft. Erinnerungen an Zeiten des Single-Daseins kommen auf, soweit sie existiert haben. Man ist sozusagen geschichtslos. Das Gewachsene einer Beziehung ist nicht gegeben, aber auch nicht das »Verwachsene«, das, was man mitunter miteinander verkorkst hat. Das Gleiche gilt für die Personen, die wir kennen lernen. Alltagsmarotten haben erst gar keine Zeit in Erscheinung zu treten. Wenn doch, fallen sie nicht besonders ins Gewicht, sie gehen uns ja nicht so an. Sie gehen uns nicht so auf die Nerven und geben deshalb auch keinen Zündstoff für Auseinandersetzungen. Da niemand weiß, woher man kommt, welche Gerüchte über einen kursieren, welche Themen einen beschäftigen, welche Rolle man zu Hause spielt, fällt man aus der Rolle. Menschen begegnen einem mehr oder weniger vorbehaltlos. Das Erlebnis, dass jemand noch neugierig auf einen ist, kann umwerfend sein.

In der Psychologie nennt man dieses Phänomen »Spiegelung«. Das bedeutet, dass unser jeweiliges Gegenüber etwas über uns sagt oder eine Reaktion auf uns zeigt. In diesem Spiegelbild sehen wir uns an und bilden unsere Identität, unser Gefühl zu uns selbst, unsere Persönlichkeit aus. Wenn jemand von uns begeistert ist, ist es nicht schwer, sich vorzustellen, dass sich das positiv auf unser Selbstwertgefühl auswirkt. Die gleiche Wirkung, nur destruktiv, haben Tadel, Abwertung, Demütigung usw. Wenn wir Menschen länger kennen, kennen wir auch deren Einstellung zu uns. Der Spiegel wird manchmal blind. Lernen wir neue Menschen kennen, sehen wir uns quasi durch deren Pupille mit »ganz neuen Augen«.

Hiltrud ist 51 Jahre alt, eine ausgesprochen attraktive Frau in einer Führungsposition. Sie erinnert sich hier an einen Urlaub, den sie während ihrer Ehe unfreiwillig allein antrat, da ihr Mann aus beruflichen Gründen kurzfristig absagen musste. Sie selbst war damals 33 Jahre alt und sehr mit dem Aufbau ihrer beruflichen Karriere beschäftigt. Ihr Sohn war wegen des geplanten Urlaubs in einer Ferienfreizeit und so entschloss sie sich, allein zu fliegen: »Er wollte mich einfach kennen lernen. Er fand mich sympathisch und sprach mich an. Er sah Seiten an mir, die mir gar nicht bewusst waren. Ich hatte dafür nicht irgendwas Besonderes geleistet. Nix Kluges in einer Konferenz gesagt, nicht mühevoll etwas Tolles gekocht, mich nicht für irgendjemanden oder irgendeinen Anlass besonders gestylt. Ich wollte mich einfach nur erholen. Er fand mich so, wie ich war, bemerkenswert. Redete irgendwas von Ausstrahlung, Humor, schöner Nase oder so. Zeug, das im Alltag kein Mensch mehr sagt, leider! Ach, war das herrlich.« Dieses schlichte Interesse und die Möglichkeit auf null aufbauen zu können, haben einen besonderen Reiz. »Er verband mich mit keiner Person meines Lebens, mit keiner Aufgabe, die ich ausführe, mit nichts anderem als seinem ersten Eindruck. Also mit mir!«

In dieser Spiegelung erlebt man sich neu. Andere Facetten der eigenen Persönlichkeit werden belebt. Das ist aufregend.

Umgekehrt besteht die gleiche Chance, jemanden jenseits seiner sonstigen Eingebundenheit kennen zu lernen. Kleinigkeiten des Alltags sind hier unerheblich. Ob sie oder er die Zahnpastatube zudreht oder offen lässt, wie herum er oder sie die Klopapierrolle aufhängt, das ist vollkommen unwichtig in dieser begrenzten Begegnung. Doch der Eindruck, der sich festsetzt ist: keiner nörgelt! Hinzu kommt verstärkend, dass meist Urlaubsorte ausgewählt werden, die andere Reize ausüben als der übliche Lebensraum. Klimatische und/oder kulturelle Unterschiede regen die Sinne an. Man fühlt sich aufgeweckt, angeregt und entspannt. Endlich Sonne oder Schnee, frische Luft, das rauschende Meer, das Grün der Hügellandschaft, das Gigantische der Berge, das Neue, das andere. Alles wirkt belebend, man öffnet sich.

Wir kennen alle die positive Wirkung des Tapetenwechsels. Man beobachtet wieder neu und läuft nicht die eingefahrenen alltäglichen Bahnen mit den alten Scheuklappen, in Gedanken schon beim nächsten Termin. Diese Euphorie trägt stark dazu bei, sich anregen zu lassen: »Es war einfach wundervoll. Ich brauchte mich um nichts zu kümmern. Ich brauchte nicht einmal für mein Essen zu sorgen. Ich konnte die Sonne, den Wind und die fremde Kultur hemmungslos und in vollen Zügen genießen. Und meine Hemmungen und mein sonstiges Verantwortungsgefühl waren in der Tat so weit aufgelöst, dass ich mich auch sexuell derart ausleben konnte, dass ich mich 20 Jahre jünger fühlte in Davids Gegenwart. Natürlich war es zwischendurch in Anflügen auch etwas traurig, weil ich wusste, dass das alles keine

Dauer hat. Aber ich hab das immer verdrängt, um den Moment zu genießen und aufzutanken.«

Befreiend ist auch, keine Partnerschaftsverträge aushandeln zu müssen, sich über anstehende Kleinigkeiten und schon gar nicht über größere Pläne auseinander setzen zu müssen.

Man kann sich hingeben, und zwar im doppelten Sinne. Wir alle kennen den Satz: »Wehe, wenn sie losgelassen.« Losgelöst von allem Alltäglichen ist auch eine sexuelle Begegnung erfrischend.

Natürlich hat auch diese Frische nur eine begrenzte Haltbarkeit, denn alles Neue wird irgendwann Alltag und die besondere Qualität des Neuen weicht den Qualitäten des Gewachsenen, wenn es gut läuft. Der Urlaubsflirt lebt von der zeitlichen Begrenzung und der Reduzierung der Ansprüche aneinander. Einige meiner Interviewpartnerinnen versuchten nach dem Urlaub, wenn es geographisch und organisatorisch machbar war, ein Stück davon in ihr Leben zu transferieren. Sie trafen sich auch in der Heimat heimlich mit ihrer Urlaubsliebe. Jedoch fehlten die Bedingungen des Urlaubs und die Treffen standen unter einem anderen Stern. Oft wurde schon nach dem ersten Versuch ein Schlussstrich gezogen, manchmal verlief die Beziehung im Sande. Die spezifische Leichtigkeit, die diese Affäre ausgemacht hatte, war weggefallen. Und da nicht die Absicht bestand, eine neue Lebensgemeinschaft zu gründen, war das Engagement auf beiden Seiten eher gering.

Meist blieb die Affäre als außergewöhnliches (da außerhalb des Gewohnten) Ereignis in Erinnerung. Es erhielt seine Besonderheit gerade dadurch, dass es von kurzer Dauer war und außerhalb des Üblichen lag. Vor allem war so möglich, die eigenen Schwächen aus dem Spiel zu lassen und nicht angekreidet zu bekommen. Bevor das passieren konnte, war der Urlaub auch schon wieder vorbei.

Auch die Frau braucht sich nicht mit der Auseinandersetzung mit unschönen Persönlichkeitsanteilen ihres Geliebten zu belasten. Sie muss sich nicht die Frage beantworten, ob sie mit diesen Seiten Tag für Tag leben könnte. Mit einem sehnsuchtsvoll geseufzten: »Ach, was war das schön!«, endeten all diese Gespräche. Das Glänzen in den Augen und die Sehnsucht selbst waren eigentlich weniger auf die Person des Liebhabers bezogen als vielmehr auf die entspannende und belebende Gesamtsituation, die ein positives Selbstwert- und Körpergefühl verursachte.

All diese nicht alltäglichen Beziehungen bieten die Möglichkeit, Beziehungsideale hineinzuprojizieren. Alle Träume und Fantasien finden darin Platz, weil die Realität keinen verbraucht. Die Frauen räumten sogar ein, mit dem eigenen Partner unter diesen Bedingungen ähnliche Glücksgefühle haben zu können, wenn nicht der Alltag die Basis des Zusammenlebens wäre, und mit dem Urlaubsflirt sicher im Alltag ähnliche Probleme zu haben, wenn das Zauberhafte fehlte.

Die begehrte Prinzessin

Eine berühmte Schauspielerin soll einmal gesagt haben, dass es schwer falle, den Mann mit einem leidenschaftlichen Zungenkuss zu begrüßen, wenn der mal wieder vergessen hat, die Kinder vom Kindergarten abzuholen oder den Nudeltopf zu spülen. Der Tribut, den der Alltag immer wieder der Konzentration auf Begehren und Leidenschaft abfordert, spielt in irgendeiner Form immer wieder beim Fremdgehen eine Rolle. Das Gewicht dieses Phänomens ist allerdings sehr unterschiedlich.

Ilse ist 36 Jahre alt, arbeitet als Lehrerin und lebt mit ihrem Mann, einem gemeinsamen und einem Kind aus seiner ersten Ehe seit sechs Jahren zusammen. Sie ist lebenslustig und sportlich sehr aktiv. Beim gemeinsamen Sport haben sie und ihr Mann sich kennen gelernt. Ilse erzählt zu diesem Phänomen eine Situation aus ihrem Alltag: »Da steh ich z.B. vollkommen nackt unter der Dusche, die Kinder sind bei den Großeltern, Rolf und ich haben Zeit, das heißt, wir hätten auch mal wieder Zeit füreinander, so als Paar und nicht nur als Eltern. Was macht mein Mann? Er gibt sich dem Stuhlgang ganz ungezwungen in unserem Bad hin und nutzt die freie Zeit am PC. In seinem Duft zurückgelassen, schießen mir die Tränen in die Augen. Ich fühle mich übersehen. Natürlich rufe ich mich sofort zur Räson und rede mit mir selbst: Ich weiß gar nicht, was du hast, reiße dich mal zusammen, nur weil er erst mal an den PC will, woher soll er denn wissen, was du vorhast? Ich hüll mich in den Bademantel und schleich mich zärtlich von hinten an ihn heran. Es kommt ein etwas genervt abweisendes: Ich dachte, du machst uns ein nettes Frühstück!« Ilse macht Frühstück, fühlt den Frust bis in die Knochen und hat selbst keine Lust mehr. Beim Frühstück ist sie dementsprechend wortkarg und wird für ihre schlechte Laune gescholten.

»Ich glaube, jeder Mann, der auch nur ein bisschen Verführungskunst beherrscht, hätte gute Chancen gehabt in dieser Zeit unserer Beziehung. Uwe hatte ganz viel von diesem Verwöhnaroma. Er kam einfach von sich aus auf die Idee, mir das Frühstück ans Bett zu bringen. Wenn ich nackt unter der Dusche stand oder an ihm vorbeiging, schenkte er mir zumindest einen wohlwollenden Blick, eine kurze Berührung oder machte mir ein kleines Kompliment. Ich fühlte mich einfach wieder weiblich, begehrenswert und beschenkt.«

Natürlich war sie das auch ohne Uwe, aber es wurde nicht benannt und somit hatte sie das Gefühl, es wurde auch nicht gesehen. Es ist nun mal eine Tatsache, dass unser Selbstwertgefühl auch im Erwachsenenalter durch die Spiegelung von außen beeinflusst wird.

Die Selbstverständlichkeit, mit der Männer ihre Lebensgefährtinnen nach einiger Zeit als Lebens-, Haus- und Wohnungsinventar betrachten und sie auch so behandeln, ist erschreckend. Viele meiner Interviews ließen darauf schließen, dass der Partner sein Zuhause mit einer Art Frühstückspension verwechselte. Wenn alles zu seiner Zufriedenheit funktionierte – die Frau inbegriffen –, hing der Haussegen richtig. Nur nicht daran rühren. Fröhlich pfeifend richtete er Energie und Aufmerksamkeit vorrangig nach außen.

Interessanterweise fragten sich die wenigsten der davon betroffenen Frauen, wo denn ihre Männer ihr Begehren oder ihre Lust ausleben, ob sie außerhalb der Ehe oder der eheähnlichen Gemeinschaft andere Orte haben, diese ihnen doch in großem Stil zugedachte Triebhaftigkeit zu leben. Nein – sie konnten sich manchmal schon gar nicht mehr vorstellen oder gar erinnern, dass ihr Partner einmal anders war, selbst ihnen gegenüber.

Das Begehren und Verehren bezieht sich nicht nur auf die Körperlichkeit. Es ging sehr häufig um berufliche Erfolge, intellektuelles Know-how oder persönliche Talente. Wenn sich jemand über ein gutes Gespräch freut, das man mit ihm geführt hat, erlebt man sich als geehrt und anerkannt. Wenn jemand beachtet, mit welchem Talent man z.B. tanzt, Tennis spielt, redet, denkt, segelt usw., fühlt man sich bewundert. Wenn gute Leistungen oder berufliche Erfolge honoriert werden, fühlt man sich gefeiert. Man fühlt sich einfach wohl. Wertschätzung baut auf. Durch die Tatsache, dass mein Gegenüber mich positiv kritisiert, steigt das Wohlbefinden, das Selbstwertgefühl und die Selbstliebe. Und es ist in der Tat

so, dass, wer sich selbst liebt und Positives aus-
strahlt, es auch leicht zurückbekommt.

Und genauso verhält es sich im umgekehrten Fall.
Wenn man das Gefühl hat, sich abzurackern, ohne
dass es in irgendeiner Form wertgeschätzt wird,
frustriert das. Man verbittert und ist nicht gerade lie-
benswürdig. Das bedeutet auch nicht, dass nur die
herausragenden Glanzleistungen einer Person gefeiert werden sollten, sondern gemeint ist hier eine Anerkennung für das alltägliche Pensum, das geschafft
werden muss, sei es die Kindererziehung und/oder
der Haushalt mit all den notwenigen Abläufen
und/oder der Broterwerb. Die Begriffe Burn-out
und Stress kommen nicht zufällig in unserer Zeit so
oft vor. Denn auch ohne olympische Hochleistungen
zu vollbringen gehen Frauen und Mütter durch die
zur Norm gewordenen Doppel- und Dreifachbelas-
tungen oft bis an oder gar über ihre Grenzen.

Es ist vollkommen normal, dass es zu einer tiefen
Frustration und oft Resignation führen muss, wenn
diese Kraftanstrengungen nicht einmal gewürdigt
werden. Dass diese Leistungen wertvoll sind, geste-
hen Frauen und Mütter sich meist nicht einmal
selbst zu.

Sie versuchen darüber hinaus auch noch attraktiv
zu sein und zu bleiben und stehen durch den ver-
breiteten Jugendlichkeits- und Schönheitswahn auch
an dieser Stelle unter Druck. Und sie wundern sich,
dass sie das alles nicht so locker schaffen wie die
Frauen in der Werbung.

»Die Konkurrenz ist groß« meint Lisa. Sich zu pflegen und in Form zu halten, um auch körperlich attraktiv und nach heutigen Maßstäben begehrenswert zu bleiben, kostet Zeit, die viele gar nicht mehr übrig haben, und Geld, das sie erst einmal verdienen müssen. Durch das »alltägliche Übersehen« genährt, entsteht ein Hunger nach Wertschätzung.

Und dann ist er plötzlich da – der andere Mann. Der, dessen intensive Blicke sie auf sich zieht, der Lust auf sie signalisiert, der anfängt um sie zu werben und dabei vielleicht auch noch einfallsreich ist. Einer, der ihr »den Hof macht«.

Tagein, tagaus wird die Konzentration auf die Familie oder den (Ehe-)Mann als Selbstverständlichkeit hingenommen. Dass sie mal eben einkauft, kocht, aufräumt, Bilderbücher ansieht, das Hemd bügelt, das Bett abzieht, dass sie, wenn er dann mit den Kindern spielt, die Zeit nutzt, um endlich mal die Fenster zu putzen, die Gefriertruhe mal wieder abzutauen oder die Kindersachen auszusortieren – Dinge, zu denen man sonst nicht kommt, das alles nimmt niemand mehr wahr. Selbst sie merkt kaum, dass sie zu nichts mehr Zeit hat, was allein ihren Interessen entspricht oder ihrem Wohlbefinden zuträglich ist.

Und dann kommt jemand und erinnert sie an das Wort »Verwöhnen«: »Ich fühlte mich plötzlich wie eine Prinzessin. Er ließ nicht davon ab, mich mit Aufmerksamkeiten und Einladungen zu bedenken. Mein Freund und ich haben getrennte Kassen. Ich weiß gar nicht mehr, wann er mich das letzte Mal zu etwas eingeladen hat. Erst konnte ich gar nicht glauben, dass dieser Mann mich meinte. Ich war im Laufe der Jahre irgendwie zum gut funktionierenden Aschenputtel geworden. Aber nach und nach wurde ich tatsächlich zu der Prinzessin unter diesen Einflüssen. Ich blühte auf, kaufte mir neue Klamotten, weil ich es mir wert war, lachte mehr und war manchmal ohne Alkohol in regelrechter Sektlaune.«

Hin und wieder flackerte bei Ilse die Erinnerung auf, dass es am Anfang der Beziehung mit ihrem langjährigen Freund ähnlich gewesen war. Das erfüllte sie mit tiefer Wehmut. »Ich glaube, es ist ganz wichtig, dass man damit irgendwie nicht aufhört. Ich weiß auch nicht, wie man das machen soll. Als ich darüber mit meinem Freund sprach, meinte er nur, ich wüsste doch, dass er mich schätzt. Als ich weiterredete, kam dann irgendwann das Totschlagargument, ich sei wohl ein bisschen zu sehr von »so was« abhängig.«

Nachdem ihr Prinz nun lang genug mit einem Schuh hinter ihr hergelaufen war, gab sie sich ihm auch körperlich hin und erlebte auch da ein neues Begehren. Viele Vermutungen lassen sich anstellen über die Ursache dieses Wunsches, begehrt zu werden oder über das Schwinden des Bemühens umeinander in einer Beziehung. Zahlreiche meiner Kolleginnen und Kollegen bemühen dabei in ihren Büchern den weiblichen Narzissmus. Ansatzweise kann man dieser Theorie sicherlich zustimmen, doch Fakt ist: Lässt das Begehren in der Beziehung und die Achtung vor der Person und dem, was sie alltäglich leistet, in großem Maß nach, haben andere Prinzen definitiv eine große Chance. Und sie bekommen sie manchmal auch, welche Folgen dies auch immer haben mag und wie sehr Aschenputtel ihr altes Heim auch behalten möchte.

Keine Frau mag sich auf Dauer wie ein selbstverständlich vorhandener und funktionierender Gegenstand betrachtet sehen. Das Gefühl des eigenen Werts schwindet unter diesen Bedingungen rapide. Manchen entgleitet es ganz, andere finden es woanders wieder oder peppen es auf Nebenschauplätzen auf. Diese Nebenschauplätze müssen nicht unbedingt Affären sein. Für viele ist die Bestätigung im Beruf ein Ausgleich. Die Resonanz, die sie dort erfahren, gibt ihnen wieder ein gutes Gefühl für sich selbst. Auch Hobbys oder Sport können den Rahmen bieten, der positives Feedback gibt. Sie fühlt sich wieder beachtet und lebendig. Manchmal sind es gut funktionierende Freundinnenbeziehungen, die ihre Selbstliebe fördern, manchmal übernehmen Beziehungen mit anderen Männern, die mit einem anderen Auge auf sie schauen, diese Funktion.

Das Sprungbrett aus der Ehe

Sicher führen Seitensprünge in vielen Fällen zu Trennungen, da es betrogenen Partnern manchmal unmöglich erscheint, die ihnen angetane Verletzung zu verarbeiten. Ein angeknackstes Selbstwertgefühl und das verletzte Vertrauen in den Partner oder die Partnerin kann unter Umständen die Basis der Beziehung so bedrohen, dass es zur Trennung kommt.

Sehr häufig führt ein offen gemachter Seitensprung aber auch nur zu einer heftigen Erschütterung der Beziehung, ohne dass einer von beiden die Trennung vollzieht. Manchmal wird sogar von »reinigendem Gewitter«, von »Aufwachen und Neustrukturierung« gesprochen. Dies bedeutet, dass manche Paare einen Seitensprung gemeinsam oder getrennt, aber gleichzeitig, auf eine Art verarbeiten, die es ihnen ermöglicht, daraus für ihre Beziehung einen konstruktiven Entwicklungsschritt zu gestalten. Sie nutzen den Seitensprung als Chance. Häufig suchen diese Paare professionelle Unterstützung und versuchen, das dem Seitensprung zugrunde liegende Problem zu analysieren und seine Bedeutung für die Beziehung zu verstehen. Dazu gehört schon ein gehöriges Maß an Rückgrat.

Manche Paare möchten aber weiter nicht darüber nachdenken. Sie bevorzugen es, das Geschehene einfach zu vergessen. Für sie ist unter Umständen die Idee, sich zu trennen, viel zu bedrohlich.

Inhalt dieses Kapitels ist jedoch der mehr oder weniger bewusste oder unbewusste Trennungseffekt. Ein Seitensprung kann als Sprungbrett aus einer Beziehung »angelegt« sein. Das bedeutet nicht unbedingt, dass die betrügende Person mit diesem Ziel fest im Auge auf die Suche nach einem Liebhaber geht. Im Nachhinein betrachtet gaben allerdings einige der Interviewpartnerinnen zu, dass sie sehr wohl eine leise Ahnung hatten, dass dieser Seitensprung zur Ablösung vom derzeitigen Partner verhelfen sollte.

»Es hatte sich über die Jahre so viel eingeschliffen in unserer Beziehung, womit ich im Grunde genommen nicht mehr zufrieden war, dass es mich heute eigentlich nicht mehr wundert, dass ich mich auf Bernd eingelassen habe. Er sprach sozusagen den Zaubersatz aus. Etwas, was immer ein Tabu in meiner Ehe war. Ich konnte mit meinem Mann keine Lösung für dieses Thema finden und Bernd sah darin nicht einmal ein Problem. Das hat mich wirklich über die Maßen für ihn erwärmt.«

Grit war damals 32 Jahre alt, als Akademikerin im öffentlichen Dienst beruflich etabliert und seit zehn Jahren mit ihrem Mann zusammen, davon waren sie bereits fünf Jahre verheiratet. Sie spricht hier von ihrem Kinderwunsch. Grit wollte immer ein Kind, ihr Mann definitiv nicht. Ungefähr sieben Jahre lang arrangierte sie sich mit ihrer Kinderlosigkeit. In der Beziehung zu ihrem Mann wurde dieses Thema auch nicht mehr angesprochen, da es keine Lösung dafür zu geben schien.

Die Diskussionen darüber wurden immer unerquicklicher. Zum Schluss hielt er ihren Wunsch nur noch für Unsinn und hielt mit ökonomischen und ökologischen Argumenten dagegen. Ihm ging das Thema derart auf die Nerven, dass er immer allergischer, gereizter und abwertender reagierte, wenn sie mit ihm darüber sprechen wollte. Es gab keine gemeinsame Lösung.

Als Grit Bernd kennen lernte und der großes Verständnis für diesen von ihr schon lang nicht mehr formulierten Wunsch zeigte, näherten sie sich so weit an, dass es zu einer einjährigen Affäre kam. Sie fühlte sich in einem Aspekt ihrer Persönlichkeit bestätigt, den sie zuvor für den Erhalt ihrer Ehe verdrängt hatte. Bernds Verständnis und auch seine Zuneigung zu ihr bestärkten sie in dem Gefühl, ein Recht auf die Erfüllung ihres elementaren Wunsches zu haben. Durch die Dauerdiskussionen mit ihrem Mann hatte sie mittlerweile den Eindruck, etwas Unnormales zu wollen. Die Begegnung mit Bernd rückte es wieder in den Bereich der Normalität. Nicht ihr Wunsch war überzogen, sondern die Konstellation war nicht so, dass sie ihn erfüllen konnte. Diese Klarsicht hatte sie im Laufe der Reibereien verloren. Erst jetzt gewann sie nach eigener Aussage die Kraft, sich von ihrem Mann zu trennen.

Zwar ist nicht Bernd der Vater ihres Kindes geworden, aber er war in jedem Fall das Sprungbrett aus einer Beziehung, die die Erfüllung dieses Wunsches niemals ermöglicht hätte. Dieses Fremdgehen verspürt sie heute als ein Zeichen der Treue zu sich selbst, zu einem tiefen Wunsch, den sie als Tribut an ihre Ehe verdrängt hatte.

Ein Kompromiss muss in jeder Art von Beziehung einmal geschlossen werden. Gibt es keinen, mit dem beide leben können, muss vielleicht auch einmal der eine oder andere persönliche Wunsch zugunsten der Gemeinschaft aufgekündigt werden. Hier jedoch war das Bedürfnis existenzieller Art und hatte weitreichende Folgen für den Rest der gesamten persönlichen Lebensgestaltung. Selbstverständlich gibt es unterschiedliche Gründe, ein Absprungbrett zu benötigen.

Birthe (37 Jahre) lebte seit 13 Jahren mit ihrem Freund und ihrem Sohn aus einer vorherigen, kurzen Beziehung zusammen. Ihr Freund und sie waren seit langem mit dem Umbau eines schönen, alten Landhauses und mit der Finanzierung dieses Umbaus beschäftigt. Dafür arbeitete sie 30 Stunden in der Woche in einer Nobelboutique. Eigentlich wollte sie nach der Erfahrung mit dem Vater ihres Sohnes keine zweite Trennung in ihrem Leben und dachte, dass auch das gemeinsame Hausprojekt ein Zeichen ewiger Verbundenheit ist. Trotzdem war sie lange schon unzufrieden mit ihrer Beziehung. Sie traute sich aber nicht zu, ihren Freund damit zu konfrontieren oder ihn zu verlassen, weil sie eine unglaublich tief sitzende Angst vor ewiger Einsamkeit hatte. Die Begegnung mit ihrem Liebhaber bewies ihr, dass es auch noch andere Beziehungskonstellationen in ihrem Leben geben könnte als diese eine nicht zufrieden stellende. Das war ihr bisher in ihren kühnsten Träumen nicht vorstellbar gewesen. Noch immer wagte sie den aktiven Schritt zur Trennung nicht, ertappte sich aber dabei, wie sie in der Geheimhaltung der Treffen mit ihrem Liebhaber immer nachlässiger wurde.

»Michael musste regelrecht über diesen Liebesbrief stolpern. Ich hatte ihn wahrhaftig nicht besonders gut versteckt. Ich weiß, dass ich keine sehr mutige Person bin. Ich habe es weder geschafft, über meine Unzufriedenheit noch über meine Liebschaft offen zu sprechen.« Sie hatte Angst, ihre Bedürfnisse als Konfliktpotenzial einzubringen in das Gespräch. Sie fühlte sich seiner Rhetorik unterlegen und fürchtete seine Wut. »Ich hab sozusagen eine Spur ausgelegt, auf der Michael dann ausgerutscht ist und mich konfrontierte statt ich ihn.« Ohne diese Spur meinte Anne nie den Mut gefunden zu haben, sich zu trennen. Michael aber bestand darauf, er konnte den Betrug keineswegs hinnehmen.

In den Interviews wurde das Erleben einer Affäre oder eines Seitensprungs manchmal als Beruhigung oder als Erwachen beschrieben. Beruhigend wirkte es auf diejenigen Frauen, die vor einer Trennung zurückschreckten, weil sie sich vor der Einsamkeit fürchteten. Die Wirkung eines Dornröschenkusses hatte es auf diejenigen Frauen, die seit Jahren wie im tiefen Schlaf das Missverhältnis in ihrer Beziehung nicht wahrnahmen. Durch die Begegnung mit einem anderen Mann, der Bedürfnisse befriedigte, die verschüttet worden waren in der alten Beziehung, wurde ihnen das Defizit erst wieder bewusst. Sie mussten sich damit auseinander setzen, ob sie weiter auf diese Art Bedürfnisbefriedigung verzichten wollten oder nicht.

Birthe: »Stell Dir vor, Du wartest seit Jahren auf etwas und dann kommt einer daher und spricht das alles einfach aus!« Entscheidungen waren gefordert. Diese fielen mal zugunsten der alten Beziehung und mal zugunsten der Trennung aus.

Selbst wenn die Abspaltung nicht unbewusst verlief, sondern die betreffenden Frauen den Eindruck hatten, dass ihre Wünsche nicht erfüllbar, vermessen, unberechtigt usw. seien und deshalb verzichteten, wurde ihnen durch eine neue Erfahrung in diesem Moment klar, dass sie mit dieser Einschätzung im Irrtum waren. Spätestens jetzt mussten auch diese Frauen sich entscheiden, ob sie in der defizitären Beziehung bleiben oder den Absprung in eine neue Ungewissheit wagen wollten.

Nicht direkt, um sich aus einer Ehe zu lösen, aber aus der vielleicht ersten bedeutenden Beziehung heraus haben viele der befragten Frauen ein Verhältnis mit einem anderen Mann begonnen. Es klang oft fast wie aus Hilflosigkeit geboren. Die erste Beziehung war zwar für alle sehr wichtig, doch wenn sie die Einstellung hatten, dass die erste nicht die letzte gewesen sein könne, haben einige den Flirt mit einem anderen provoziert, um sich aus dieser ersten Beziehung lösen zu können. Bei den meisten fand dies in der Adoleszenz statt und wurde im Nachhinein mit großer Toleranz sich selbst gegenüber betrachtet, wenngleich auch damals unter Umständen Gewissensbisse oder Verwirrungen sie quälten.

»Meine erste feste Beziehung hatte ich mit 16. Auf einer Party habe ich dann intensiv geflirtet und war danach so vernarrt in diesen Jungen, dass mich heftige Gewissensbisse terrorisierten. Ich meine, mein Freund war unglaublich loyal und ich mach so was. Ich kam mir ganz gemein vor und es hat ihn auch sehr verletzt. Na ja, aus heutiger Sicht ist es natürlich nachvollziehbar, dass ich nicht gleich den ersten heiraten wollte, aber damals sah das alles ganz anders aus, mit tierischem Ernst und so.«

Auch Evelyn hat sich »einen unheimlichen Kopf darüber gemacht«, dass sie mit 20 Jahren ihren ersten Freund betrog, in der heimlichen Hoffnung noch weitere Beziehungserfahrungen sammeln zu können. Diese nachpubertären Beziehungen und ihre Auflösungen beschrieben fast alle Frauen. Eine Affäre als Sprungbrett aus einer Ehe oder langjährigen Partnerschaft erlebten nur einige und das mit deutlich tragischeren Auswirkungen als in der Jugendzeit.

Birthe z.B. hat lange mit der Trennung gehadert, kämpfte mit Einsamkeitsängsten und plagte sich nach jedem Treffen mit ihrem Liebhaber mit Schuldgefühlen. Dennoch trennte sie sich schließlich und erklärt dazu: »Irgendwann las ich den Ausspruch –

ich glaube, er ist von Zarathustra: ›Ja, ich brach die Ehe, aber zuerst brach die Ehe mich!‹ –, da wusste ich plötzlich, was ich zu tun hatte.«

Rache ist süß

»Also, weißt du, ich hatte ja meine Sturm- und Drangzeit, was das Sexuelle angeht, ziemlich genau in den 68ern. Wenn ich da daran denke, mein Gott war das immer mühsam. Der Spruch: ›Wer zweimal mit demselben pennt, gehört schon zum Establishment!‹ hat uns doch total unter Druck gesetzt. Wer will denn in dem Alter nicht *in* sein? Das ist ja heute auch nicht anders. Eigentlich war ich total in Rainer verliebt. Ich fand es schön mit ihm zusammen und intim zu sein. Ich glaub, ihm ging es ähnlich, aber man durfte sich das ja nicht einmal selbst eingestehen, noch viel weniger einem anderen. Als ich ihn dann auf einer Party mit einer anderen rumknutschen sah, dachte ich, ich werde verrückt vor Eifersucht und Schmerz. Das konnte ich aber nun wirklich niemandem aus meiner Clique sagen. Da hab ich mich dann angetrunken und mich dem nächstbesten an den Hals geworfen. Ich mein, schwierig war das ja damals nicht. Es waren ja alle offen dafür, um auf ihre Quote zu kommen. Ich dachte einfach: Was der kann, das kann ich auch!«

Man könnte in diesem von Hiltrud beschriebenen Fall schon fast von verzweifelter Rache oder Suche nach Trost sprechen. Jedenfalls ist die Reaktion ungemein direkt. Nach dem Motto: Auge um Auge, Zahn um Zahn versuchte auch Evelyn, sich an ihrem Partner zu rächen, der sie ständig betrog. Evelyn ist jetzt 39 Jahre alt und Mutter einer vierjährigen Tochter. Sie leitet eine pädagogische Einrichtung. Die hier von ihr beschriebene Situation stammt aus ihrer Studentinnenzeit, als sie zwischen 22 und 24 Jahre alt war.

»Christian war ein gut aussehender, erfolgreicher, angehender Arzt. Die Frauen sind nur so auf ihn geflogen und er konnte in den meisten Fällen einfach nicht Nein sagen. Erschwerend kam hinzu, dass wir eine Wochenendbeziehung führen mussten. Ich hatte also überhaupt keine Kontrolle über seine Fremdgehfrequenz. Ich wusste aber, dass er es tat. Mit welcher Intensität, blieb meiner Fantasie überlassen. Als ich dann auf einem Fest regelrecht angegraben wurde, dachte ich: Wieso soll ich treu sein? Ich kann's ja auch mal ausprobieren.«

Sie hatte sich im Lauf der Zeit so sehr an die Rolle der Betrogenen gewöhnt, dass es einen Anstoß von außen brauchte, sich aus einer anderen Perspektive anzuschauen. Am erstaunlichsten war es für Evelyn, dass ihr damaliger Freund darauf unglaublich emotional reagierte und immer davon sprach, dass seine Seitensprünge etwas »ganz anderes« seien. (Diese weit verbreitete Einschätzung versuche ich in einem späteren Kapitel näher zu betrachten.) Die Qualität von Rachefeldzügen wurde verschieden bewertet.

Für die eine Frau war es in erster Linie ein fader Nachgeschmack, an den sie sich erinnerte. Für eine andere war es das Aufpolieren ihres durch die Seitensprünge des Partners verletzten Selbstwertgefühls. Wieder eine andere entdeckte überrascht, welchen Lustgewinn sie selbst aus diesen Affären zog. Von sich aus wäre sie nicht auf die Idee gekommen, zu betrügen.

Dem Seitensprung aus Rache muss nicht zwangsläufig ein sexueller Betrug des Partners vorausgegangen sein. Mit dem Fremdgehen kann man sich auch für andere Ungerechtigkeiten oder Schmerzen rächen. Dörthe, 27 Jahre alt, erklärte Bisexuelle und bewusst kinderlose Frau, arbeitet als technische Zeichnerin und ist in ihrem Job nicht besonders zufrieden und noch auf der Suche nach einer beruflichen Identität. Sie erlebte ihren Freund als ausgesprochen symbiotisch. Er klammerte sehr und kontrollierte fast jeden ihrer Schritte. Sie fühlte sich ständig beobachtet, kontrolliert und bewertet. Sobald sie aus seiner Reichweite war, nahm sie jede sich bietende Gelegenheit zur Zügellosigkeit wahr. Dazu gehörten auch sexuelle Kontakte mit anderen Männern oder Frauen. Dieses fast pubertäre Verhalten kann Genugtuung bereiten, aber wozu soll es führen? Dörthe wollte sich nicht von ihrem Partner trennen. Sie hatte lange versucht an der Beziehung zu arbeiten, sodass sie nicht derart eng und im wahrsten Sinne des Wortes atemberaubend sein musste. In stundenlangen Gesprächen versuchte sie ihm zu verdeutlichen, wie sich seine Art sie einzuengen auf sie auswirkte, aber es schien unveränderbar.

Senta gab zu, dass sie Rachegefühle und auch so etwas wie Genugtuung empfand, wenn sie auf Dienstreisen die Gelegenheit hatte, unbeobachtet und unkommentiert zu handeln. Sie fühlte sich wieder als Herrin ihrer selbst, obwohl sie durchaus ein schlechtes Gewissen hatte. Genau deshalb wiederum verstieg sie sich in neue Rachegefühle. Denn wäre er nicht so erdrückend, bräuchte sie nicht derartige Befreiungsakte und müsste dann auch nicht ein solch schlechtes Gewissen haben. Das ist ein typischer Teufelskreis aus Schuld und Rache.

Eine noch viel tief sitzendere Wut kann Frauen zum Seitensprung bewegen. Silke ist von ihrem Vater emotional missbraucht worden. Ihr erster Ehemann war überfrachtet von ihren Hoffnungen, endlich einen edlen Ritter gefunden zu haben. Als er diese Hoffnungen enttäuschte, betrog sie ihn, um sich für ihre Schmerzen an ihm zu rächen. Dieses war eine projizierte Rache. In erster Linie galt sie ihrem Vater. Sie übertrug diese Emotionen auf ihren Ehemann, der nicht in der Lage sein konnte, ihre überhöhten Erwartungen zu erfüllen. Sie beschrieb das Fremdgehen wie ein Ventil für ihre beißende Enttäuschung. Sie hatte den Eindruck, dass sowieso kein Mann zufriedenstellend auf sie eingehen könne. Drum nahm sie sich eben von vielen möglichst viel.

Noch komplizierter ist Lydias (42 Jahre) Beweggrund, gleich mit mehreren Männern aus Rachegefühlen heraus sexuellen Kontakt zu haben. Sie ist verheiratet und arbeitet heimlich als Callgirl mit einigen festen Freiern. Da ihr Mann beruflich sehr viel außer Haus ist, kann sie ihre Termine immer nach seinen Dienstplänen ausrichten. Es stellt sich die Frage, was diese Art des Gelderwerbs mit Rachegelüsten zu tun hat. Lydia beschreibt das so: »Ich hab meinen Mann unendlich oft gebeten, sich nach einer anderen Stelle umzusehen, damit er mehr bei mir ist. Er hat nicht damit hinterm Berg gehalten, dass er die immer wiederkehrende Distanz und das Unterwegssein braucht, um sich frei zu fühlen. Ich fühlte mich in meinen Bedürfnissen überhaupt nicht ernst genommen und lernte dann einen älteren Herrn kennen, der so richtig nach der alten Schule um mich warb. Junge, das hat in meiner frustrierten Zeit seine Wirkung nicht verfehlt. Plötzlich dachte ich, oh, jetzt führe ich auch so ein Doppelleben wie Joost, der sich einerseits an mich binden, aber andererseits einen großen Teil seines Lebens wie ein Single leben wollte. Nun war ich mal die Ehefrau und mal die Geliebte. Das wuchs sich dann immer mehr aus. Eines Tages gab es Streit um das liebe Geld und Joost warf mir vor, sein sauer verdientes Geld unbedacht auszugeben.«

Ihre hilflose Wut steigerte sich noch, als er dies auch noch als weiteren Grund ins Feld führte, schon deshalb keine andere Stelle antreten zu können. Sie war sozusagen mit schuld.

»Er wollte aber auch nicht, dass ich einer regelmäßigen Arbeit nachgehe, weil ich ja dann nicht voll für ihn da sein konnte, wenn er frei hatte. Er hätte sich ja dann von meinen Arbeits- und Urlaubszeiten abhängig machen müssen. Da kamen die ersten Ideen, wie ich mir eine Berufstätigkeit – wieder auf seine Bedürfnisse ausgerichtet – zusammenbasteln könnte. Der schlimmste Schlag war es aber, als ich erfuhr, dass er auf seinen Touren etwas mit einer anderen Frau hatte. Wie lange schon und ob mit mehreren, hat mich dann gar nicht mehr interessiert. Ich war so besessen von meiner Wut auf die egoistische Bedürfnisbefriedigung meines Mannes in jeder Lebenslage, dass ich auf die Idee kam, aus dieser männlichen Egozentrik Kapital zu schlagen.«

Im Grunde rächt sich Lydia auf mehreren Ebenen an »den Männern«. Sie schlägt daraus ein ziemlich gutes Kapital und legt das Geld heimlich für sich an. Durch dieses Doppelleben fühlt sie sich sogar ihrem Mann auf besondere oder sonderbare Weise wieder ebenbürtig.

Vandas Rachefeldzug ist ihr erst richtig bewusst geworden, als sie Jahre später versuchte die Geschehnisse zu verarbeiten. Vandas Partner beschwor seine große Liebe zu ihr und konnte gleichzeitig sein Interesse an anderen Frauen schwer einschränken. Es war nicht immer so, dass er gleichzeitig sexuelle Beziehungen zu anderen Frauen pflegte, er hatte aber ständig eine Art Vertraute neben ihr. Sie lebte damit. Eines Tages wurde sie von ihrem Vorgesetzten während einer Betriebsfeier sexuell genötigt. Sie verarbeitete den Schock, indem sie ihre aufgestaute Wut in sich ballte und ein aggressiv gefärbtes sexuelles Verhältnis mit ihrem Chef begann, das sie vor ihrem Freund geheim hielt. Sie investierte keinerlei Gefühl in diese Beziehung, sondern beendete sie genau zu dem Zeitpunkt, als ihr Chef regelrecht vernarrt in sie war. Sie brachte ihn sozusagen in eine sexuelle Abhängigkeit. Dann ließ sie ihn stehen. Er war wie vor den Kopf gestoßen, was sie wenig rührte. Sie verabscheute ihn wegen seiner sexuellen Nötigung und weil er seine Frau mit ihr betrog und erlangte auf diesem Weg ein zweifelhaftes Machtgefühl über ihn. Ihr Freund erfuhr von der halbjährigen Beziehung und war zutiefst erschüttert, nichts davon bemerkt zu haben. Den einen bestrafte sie für seinen Egoismus und seine Ignoranz, den anderen für seine Dominanz. Sie selbst zahlte allerdings einen hohen Preis.

Hier sind sicher nicht alle Facetten des Racheübens zur Sprache gekommen. Es gibt noch viele Gründe, warum Frauen das Fremdgehen aus Rache wählen. Man beachte allerdings, dass die Rache nicht immer als süß empfunden wird. Hin und wieder kamen die Frauen zu der Einsicht, sich selbst damit nichts Gutes getan zu haben oder beschrieben den Geschmack eher als bittersüß. In diesen Fällen war das Fremdgehen in erster Linie ein Verrat am eigenen Körper und der eigenen Lust. Das Zielobjekt war eigentlich ein anderes, der eigene Körper nur das Mittel zum Zweck. Im Grunde empfanden die Frauen es wie einen selbst initiierten Missbrauch an sich selbst und ihren Körpern. Dennoch war es ein Ventil für Gefühle, die sie auf anderem Wege nicht ausleben konnten.

Der eine mein Freund – der andere mein Lover

Weit verbreitet und vielen vertraut, ist der so genannte »Freund des Hauses«. Er zeichnet sich durch weitest gehende Asexualität aus und ist jederzeit bereit, an den Sorgen, Nöten und Freuden des Familienlebens Anteil zu nehmen. Gleichgültig, ob die Frau ihn als schon länger Vertrauten mit in die Ehe gebracht hat oder der Mann seinen Freund oder vertrauten Arbeitskollegen wie selbstverständlich auf die Beziehung ausgeweitet hat oder ob beide eine neue Bekanntschaft als gemeinsamen Freund betrachten, er ist vor allem der seelische Vertraute, der bei Erziehungs- oder Beziehungsschwierigkeiten neutral oder parteilich sein Ohr schenkt, ohne in irgendeiner Form den Status des Nebenbuhlers einzunehmen. Diese Art »Hausfreund« ist vielen von Ihnen ohne Zweifel durchaus geläufig. In den Interviews aber kam dieser »Hausfreund« in einem völlig anderen Zusammenhang zur Sprache. Hier war der Ehegatte oder langjährige Lebenspartner, der im Haus lebende Gefährte der Freund! Er war derjenige, der für seine anteilnehmende Art, sein Vertrauen, seine Loyalität usw. geschätzt wurde, während ein anderer die Rolle des Sexualpartners übernahm. Diese Rollenverteilung begegnete mir im Gespräch mehr als einmal und in unterschiedlicher Form.

Anne (52 Jahre, selbstständig, wir kennen sie aus dem ersten Kapitel) hatte in ihrem Leben 17 Jahre lang, während derer sie eine Ehe und nach ihrer Scheidung eine weitere achtjährige feste Beziehung führte, ein und denselben Geliebten. Es drängt sich die Frage auf, wieso es nie zu einer Partnerschaft mit ihrem Geliebten kam. Hier die Antwort:

»Es war einfach nie auch nur die Rede davon. Wir haben zusammen unsere sexuellen Fantasien gelebt und dabei irre viel Spaß miteinander gehabt. Das kann ich nicht leugnen. Natürlich wussten wir bei solch langer Affäre auch immer einiges aus dem Alltag des anderen. Die Ereignisse im Leben des einen hatten aber nie Auswirkungen auf das Leben des anderen. Wir haben uns zugehört und auch was dazu gesagt, aber wenn ich z.B. Beziehungsstress hatte, war das für Cornelius oder mich nie ein Argument dafür, dass wir unsere Beziehung auf andere Beine stellen sollten oder umgekehrt. Es war so, als würde ich es einem Bekannten erzählen, mit dem ich eben außerdem ins Bett gehe. Ich weiß, dass viele das sonderbar finden. Ich habe deshalb auch irgendwann aufgehört, irgendwem davon zu erzählen. Er war halt ein schöner Teil meines – allerdings dann irgendwann geheimen – Lebens.«

Beendet hat Anne diese lange Affäre irgendwann zu einem Zeitpunkt, an dem sie beschloss, die Männer aus ihrem Leben für eine Weile auszuschließen. Nach der Scheidung und dem Ende der darauf folgenden Beziehung wollte sie einige Zeit ohne Männer leben und trennte sich zu seinem Bedauern auch von Cornelius. Nach einigen Jahren ging sie eine neue Beziehung ein. Der Kontakt zum mittlerweile verheirateten Cornelius ist heute selten und rein platonisch.

Julia (39 Jahre, im sozialpädagogischen Bereich angestellt) lebt mit dem Vater ihrer zwei Töchter zusammen. Sie kennen sich schon seit der Schulzeit und haben über all diese Jahre eine tiefe und vertraute Beziehung. Sie schätzt ihn als Vater ihrer Kinder und auch als Freund und Partner sehr. Er ist sozusagen der profunde Kenner ihrer Seele und von ihrer Seite gar nicht wegzudenken. Seine Toleranz erstreckt sich auch auf einen Geliebten, den er selbst seit langer Zeit kennt. Er weiß, dass Julia eine Schwäche für ihn hat und mit ihm schläft, wenn sich die Gelegenheit bietet. Diese Gelegenheiten ergeben sich mittlerweile sehr selten, da ihr Geliebter inzwischen über 1000 Kilometer weit entfernt wohnt, aber wenn er beruflich oder privat in ihre Nähe kommt, arrangieren sie ein Treffen. Julias Freund weiß davon, möchte aber keine Details erfahren. Er ist ebenfalls nicht bereit, ihre emotionale »Nachverarbeitung« der Treffen und Abschiede auch immer mit ihr zu teilen. Ein mit dem Geliebten verbrachter Kurzurlaub brachte ihn allerdings an die Grenzen seiner Toleranz und wird, so die Verabredung, nicht nochmals wiederholt.

»Ich will ja nicht, dass er darunter leiden muss. Auch die Kinder sollen keine Nachteile dadurch haben. Das ist mir absolut wichtig, denn die Beziehung zu Peter hat mit allen Dreien nichts zu tun, sondern ist ausschließlich meine Angelegenheit. Da es ihm aber sehr viel ausgemacht hat, dass ich so lang mit Peter weg war, werde ich das in Zukunft nicht mehr tun. Der Preis ist dann zu hoch. Trotzdem ist es schön, ihn zu treffen, wenn er mal da ist und auch mit ihm zu schlafen. Ich finde ihn sehr erotisch. Mein Freund und ich schlafen zwar auch miteinander, es ist aber eigentlich eher selten und ganz anders. Unsere Sexualität ist warm und vertraut. Mit meinem Lover lebe ich eher die triebhafte Art. Die, wo einem die Haare auf den Armen hochgehen.«

Wieder anders ergab sich dieses Freund-Lover-Konstrukt bei Senta. Sie ist eine hoch gewachsene, attraktive Frau von 37 Jahren, lebt im Zentrum einer großen Stadt mit ihrem von vielen Freunden und Freundinnen als sensiblen Ästhet geschätzten Mann. Sie ist in ihrem Beruf sehr engagiert und hat ein ausgefülltes Leben. Die Idee, mit der sie ihre ersten Beziehungen einging, nämlich Mann, zwei Kinder, Haus und Job für immer und alle Zeiten, hat sich etwas wandeln müssen im Verlauf ihrer Beziehungserfahrungen. Senta hat tatsächlich einen Mann geheiratet, mit dem sie »so gut wie nie« schläft. Das Desinteresse an der Sexualität geht dabei von ihm aus. Sie ist in den ersten Jahren ihrer Beziehung daran schier verzweifelt. Sie suchte nach Ursachen und Bewältigungsstrategien, versuchte mit ihrem Freund darüber ins Gespräch zu kommen, ihn zu einer Paar- und Sexualberatung zu überreden, hinterfragte sich selbst und resignierte letztendlich angesichts seiner Verschlossenheit.

»Das ist komisch bei Tobias. Alles, was mit Sexualität zu tun hat, tangiert ihn irgendwie einfach nicht. Er war auch nie eifersüchtig oder misstrauisch. Er wollte über unsere verhaltene Sexualität, die immer seltener stattfand, auch nicht sprechen. Er schien zufrieden, und als wir dann auch noch heirateten, machte es den Eindruck, als habe er das Gefühl, dass jetzt gar nichts mehr passieren könne und es für alle Zeit so bleiben würde. Ich war hilf- und sprachlos. Da wir beide beruflich sehr eingespannt waren, drifteten unsere Lebenswelten immer mehr auseinander. Wir konnten zeitweise nicht einmal mehr gemeinsam in den Urlaub fahren.

Als ich mit einem neuen Kollegen ein gemeinsames Projekt begann, teilte ich mehr Zeit, Gedanken und Gefühle mit ihm als mit meinem Mann. Der Austausch war intensiv und wurde immer persönlicher. Wissen Sie, mein Mann spricht nie über Gefühle. Die Nähe, die sich zu meinem Kollegen entwickelte, wurde für mich immer bedeutender. Mein Mann ist beruflich oft für lange Zeit abwesend, auch im Ausland. Mir hat das bisher nichts ausgemacht. Ich habe meinen Beruf, meine Freundinnen und meine Hobbys, habe viele kulturelle Interessen. Da wir keine Kinder haben, bin ich auch nicht sonderlich gebunden. Ich muss sagen, dass ich deshalb auch ganz bewusst bisher auf ein Kind verzichtet habe. Ich will nicht zu Hause angebunden sein dadurch, dass ich ein Kind versorgen muss und mein Mann ist beruflich unterwegs.

Mein Kollege ist auch verheiratet und wir beteuerten uns gegenseitig, in unseren Ehen glücklich zu sein. Trotzdem kam es auf einer Dienstreise zu einem ersten sexuellen Kontakt. Es hat richtig geschnackelt. Durch diese wahnsinnig lustvolle Sexualität wurde mir klar, was mir mit meinem Mann alles vorenthalten blieb. Ich war wirklich ziemlich von Sinnen. Das ging eine Weile so, bis unsere Partner es irgendwie erfuhren. Mein Mann ist regelrecht zusammengebrochen und erst mal für eine Weile ausgezogen. Ich habe mit vielen Freundinnen darüber geredet, nie mit ihm. Er kam irgendwann wieder und es ging alles wieder von vorn los. Bis heute war das alles nie Thema zwischen uns. Ich weiß, dass ihm irgendwo klar ist, dass es auch mit unserer Sexualität zu tun hat. Da er darüber nicht reden will oder kann, können wir nichts gemeinsam verarbeiten. Ich glaube, unsere Ehe stand damals wirklich sehr auf dem Spiel. Ich war furchtbar durcheinander.«

Die Sprachlosigkeit in Sentas Ehe hat sich nie geändert. Sie hat nach einer langen Phase des Trauerns und des Grübelns für sich entschieden, mit ihrem Ehemann weiter zusammenzuleben, da sie in vielen Fragen des Lebens übereinstimmen. Einstellungen zu Kultur, Politik und Reisen sind quasi identisch. In den meisten Fragen des Geschmacks wie Kleidung, Einrichtung, Speisen sind sie sich einig. Wenn sie zusammen auftreten, spürt man die Harmonie auf vielen Ebenen. Senta weiß, dass sie all diese Übereinstimmungen bei anderen Männern vermissen würde.

Ein Jahr nach der oben beschriebenen Affäre ging sie erneut eine sexuelle Beziehung mit einem anderen Mann ein. Diesmal war sie nicht mehr derart aus der Bahn geworfen, sondern erkannte gleich, dass der Austausch im Gespräch und das sexuelle Erleben im Vordergrund standen. Senta und ihr Mann gehören eher zu den feineren, vornehmen Menschen. Ihr Liebhaber war der Typ »Haudegen«, mit dem sie sich niemals einen gemeinsamen Alltag vorstellen konnte.

»Die Sexualität war einfach nicht unser Anfang und auch nicht der Entscheidungsgrund für die Heirat. Mittlerweile ist Sex ein richtig peinliches Thema und deshalb zwischen uns tabu. Ich habe Angst, dass die körperliche Anziehung, die überhaupt zwischen uns existiert, durch weiteres Sprechen totgeredet wird. Unsere Verbindung stand immer vorrangig auf geistigem Boden und irgendwie haben wir gehofft, das andere entwickelt sich schon. Hat es aber nie.«

Senta hat das zu akzeptieren gelernt. Sie empfindet es nicht so, dass sie resigniert hat, sondern betrachtet es als ihre freie Entscheidung, dass sie bei ihrem Mann bleibt. Wenn ihr die Körperlichkeit zu sehr fehlt, leidet sie schon und weiß sich nicht recht zu helfen. Auf jeden Fall schließt sie aber nicht mehr von vornherein aus, dass sie mit einem anderen Mann ihre Sexualität auslebt, wenn es sich ergibt. Sie glaubt aber nicht mehr, dass die sexuelle Verständigung für sie die Basis einer Beziehung ist, sondern gibt den Bereichen, die sie mit ihrem Mann teilt, ganz eindeutig den Vorrang. Sie würde heute ihre Ehe dafür nicht mehr aufs Spiel setzen.

Diese drei Beispiele sollen genügen um aufzuzeigen, dass der Hausfreund tatsächlich in der Person des Partners vorhanden sein kann. Es lebt der Freund und Vertraute im eigenen Haus. Der Geliebte befindet sich außerhalb.

Die spirituelle Beziehung

Sollten die Frauen Ihnen bisher für Ihren Geschmack zu nüchtern und skrupellos erschienen sein, obwohl sie nur die Dinge aussprachen, die in unserer Gesellschaft eher den Männern zugedacht werden, soll Ihnen quasi zur Erholung Ihrer strapazierten Toleranz ein anderes Erklärungsmodell für das Fremdgehen geboten werden. Sind Sie aber für das Übersinnliche ganz und gar nicht sensibilisiert, wird Ihnen gerade dieses Kapitel schwer im Magen liegen.

Marion ist heute 44 Jahre alt, Mutter dreier Kinder und selbstständig. Sie geht davon aus, dass keine Begegnung zufällig ist, sondern auf einer höheren Ebene vorbestimmt. Sie sah sich immer als monogam an. Als Ihre Kinder noch sehr jung waren entwickelte sie das Selbstbild einer glücklichen Ehefrau und Mutter mit mehreren wohltätigen Ehrenämtern.

Das klingt fast ein wenig kitschig und wie im Film, ist aber auch in der Realität vorhanden, wie man an Marion sieht. Obwohl sie überhaupt keinen Drang verspürte aus ihrem Alltag auszubrechen, verlangte es eines ihrer Ämter, dass sie an einer Tagung teilnahm.

»Schon als ich dort ankam, begegnete mir jemand, der ohne Worte ungekannte körperliche Symptome bei mir auslöste. Ich hatte plötzlich Herzklopfen, Schweißausbrüche und Fluchttendenzen, ohne überhaupt zu wissen, warum. Ich überlegte im Laufe der ersten Tage tatsächlich, ob ich nicht abreisen sollte. Er versuchte ständig, mit mir in Kontakt zu kommen, und als er schließlich vor meinem Hotelzimmer stand, zeigte ich ihm meinen Ehering. Trotzdem begann ich mit ihm eine Affäre, die letztendlich zehn Jahre dauern sollte. Ich betrachte diesen Mann heute als die große Liebe meines Lebens. Ich wusste nicht, wie ich aus meinen familiären Verpflichtungen herauskommen sollte, ohne die Achtung vor mir selbst zu verlieren. Eines unserer Kinder ist dauerhaft pflegebedürftig. Da hat man eine lebenslange gemeinsame Aufgabe.

Mein Mann hat mit dieser Zweitbeziehung schwer zu kämpfen gehabt. Ich konnte mich gegen die Anziehung nicht wehren. Das hört sich nach billiger Entschuldigung an, ist es aber nicht. Es war irgendetwas anderes im Spiel. Ich brauchte nur an ihn zu denken, dann meldete er sich und bis heute ist es so, dass immer dann, wenn etwas Bedeutendes in meinem Leben passiert, er anruft, schreibt oder gar vor der Tür steht.«

Marion beschreibt ihre intensiven Gefühle zu diesem Mann in den schillerndsten Farben. Zu einem partnerschaftlichen Zusammenleben sei es nie gekommen, weil sie im normalen Alltag nun mal anders eingebunden gewesen seien und nicht wollten, dass andere den Preis dafür zahlen sollten. Weder ihr Mann noch die drei Kinder, noch die Frau, die ihr Liebhaber kurz nach ihrer ersten Begegnung heiratete, sollten dafür leiden müssen. Da die Beziehung sich so stimmig und harmonisch anfühlt, geht Marion davon aus, dass ihre Bekanntschaft älter ist als ihr jetziges Erdenleben. Sie hatten zwar auch lange Zeit eine sexuelle Beziehung, aber nicht einmal das hätte sie gebraucht, um in seiner Nähe eine positive Spannung und ein Kribbeln zu spüren.

»Ich glaube, Liebe hat einfach verschiedene Gesichter.« Auch Anne glaubt, dass sie mit der großen Liebe ihres Lebens nur eine kurze Beziehung führen konnte, weil schlichte Sachzwänge eine Weiterführung nicht möglich machten. »Trotzdem denke ich noch heute, dass mich nie wieder ein Mann so tief berührt und bewegt hat wie er. Mein Herz blutet noch immer, wenn ich an unsere aus der Vernunft geborene Entscheidung zur Trennung denke. Ich glaube, ich könnte ihm heute begegnen und es wäre sofort wieder da, dieses unbeschreibliche Gefühl.«

Diese Art der Liebe scheint die Frauen einfach zu überwältigen. Keine hat erklären können, woher es kam und wodurch es blieb. Es hatte nicht mit der so genannten Beziehungsarbeit zu tun. Keine beschreibt Auseinandersetzungen, Kompromisse oder Entwicklungsschritte. Diese Liebe schien sie einfach anzufliegen.

»Ich habe nur seine Stimme gehört. Ich wusste im ersten Moment nicht, wer sich dahinter verbirgt. Es waren ja so viele Menschen im Raum. Ich spürte nur einen leisen Schreck und bekam Herzklopfen und fragte mich nach dem Grund. Als ich dann hinsah, kann ich nicht behaupten, dass er mein Typ war. Er lebte in mir unbekannten Kreisen, war entschieden älter als ich und nur mittelmäßig attraktiv, jedenfalls nach meinem Geschmack.«

Trotzdem hat Vanda sich unsterblich (man betrachte die Spiritualität dieses Wortes) in ihn verliebt und hatte trotz großer räumlicher Distanz eine eineinhalbjährige Beziehung mit ihm. Sie bezahlte dafür mit der Scheidung von ihrem damaligen Mann. Doch diese von großer Liebe getragene Beziehung scheiterte unter anderem auch an irdischen Dingen. Vanda wollte eine Familie. Ihr Angebeteter hatte gerade die Trennung von seiner Familie überwunden und war nicht bereit, eine neue zu gründen. Bei aller Liebe, die sie heute noch empfindet, konnte sich Vanda darauf nicht einlassen und hat sich unter heftigen Trennungsschmerzen von ihrer großen Liebe gelöst. Heute lebt Vanda mit Freund und Kind zusammen, damals war sie verheiratet und kinderlos. Wir werden an anderer Stelle noch von ihr hören.

Die große Liebe oder die Liebe auf den ersten Blick, das klingt alles sehr pathetisch und hat den Beigeschmack von Kitsch, Tragödie oder rosaroter Wolke. Ob hohe Literatur oder Schnulze, wir sehen hier, dass das Leben diese Bücher schreibt. Ob aber tatsächlich frühere Leben oder Seelenverwandtschaften hinter diesen großen Gefühlen stehen? Wer weiß das schon?

Keine der hier beschriebenen Geschichten zeichnete sich dadurch aus, dass die Frauen es darauf angelegt hatten, jemanden kennen zu lernen oder Defizite ihrer Beziehungen bewusst kompensieren wollten. Keine hatte den Eindruck ihr Selbstwertgefühl aufmöbeln zu müssen, sich zu rächen oder dem unwiderstehlichen Werben eines Mannes zu erliegen. Vielleicht war es höhere Gewalt?

Vergleichbar sind diese Geschichten durch die Willkürlichkeit des Auftauchens eines intensiven Gefühls ohne erklärbaren Hintergrund und das bei häufig unüberwindbar erscheinenden Hindernissen und Unterschieden im alltäglichen Leben.

Bevor es ernst wird

Sicher kennen Sie alle die durch die Stadt und Knei-
pen ziehenden grölenden, singenden Massen eines
Junggesellenabschieds. Kurz vor der Eheschließung
wird noch mal feste auf den Putz gehauen (als sei es
danach nie wieder möglich). Hoch im Kurs stehen
»Menschengeschenke« unter den so genannten Kum-
pels, d.h. sie bezahlen für eine Frau oder für Frauen,
die sie dem Noch-Junggesellen zeitlich befristet
schenken. Ob sie tanzt, strippt oder sogar mit ihm
schläft, ist alles eine Frage des Geldes. Da werden
Wettkämpfe veranstaltet, wer die meisten Telefon-
nummern von Passantinnen auf dem weißen Hemd
gesammelt hat und die meisten Küsse abstaubt.
Manche Freunde lassen sich auch Scherze einfallen,
wie z.B. große Papptorten, die aufgefahren werden,
denen eine Tänzerin entspringt, die je nach Bezah-
lung auch bereit ist einen Striptease vorzuführen.
Oder der bald ins Netz Gehende wird noch einmal
mit einem Callgirl beschenkt. Es stellt sich als eine
Art hemmungsloses, dionysisches Fest dar, das frei
von Rücksichten, die man in der Gebundenheit nehmen muss, gefeiert werden kann.

Mittlerweile hat sich dieser Brauch auf die Frauen
übertragen. Jüngst erlebte ich in einer Disco, dass die
Freundinnen einer angehenden Braut einen männlichen Discobesucher ausgelost hatten, der der Dame
auf der Tanzfläche unter ihrem T-Shirt den BH aus-

ziehen und ihn behalten durfte. Wie auch immer man solche Veranstaltungen beurteilen mag und deren Niveau bewertet, scheint das Phänomen der Verehelichung mit bestimmten Abschiedsgefühlen verbunden zu sein.

Ina ist eine sehr selbstständige, freiheitsliebende und unternehmungslustige 29-jährige Frau. Ihre Beziehungen und Affären waren immer von kürzerer Dauer, bis sie im Urlaub einen Mann kennen lernte, mit dem sie daraufhin eine mehrjährige Wochenendbeziehung führte. Sie taten sich schwer mit der Entscheidung, wer von ihnen für die Zusammenführung seine bisherige Umgebung aufgeben solle. Schließlich lief es durch verschiedene Umstände verursacht darauf hinaus, dass sie zu ihm zog.

»Die Tage und Wochen vor meiner Wohnungsaufgabe und meinem Umzug in die neue Stadt waren echt die Hölle. Ich wollte das alles. Ich hatte mich ja nach langem Zögern und Prüfen der Beziehung dazu entschieden, aber ich merkte, wie sehr ich an meiner Freiheit und Ungebundenheit hing. Es erschien mir wie ein Zugeständnis an das etablierte Leben, plötzlich mit einem einzigen Mann unter einem Dach zu leben. Er wollte auch noch Kinder, aber da kam ich noch lang nicht mit. Ich habe solche Panik gehabt, dass ich wie eine Verrückte jede Gelegenheit zum Fremdgehen genutzt habe. Ich dachte wirklich, ich müsste nachher vollkommen monogam leben.«

Ina war zumindest klar, dass es später nicht mehr so einfach sein würde, ein Verhältnis mit jemand anderem zu pflegen. Noch wohnte sie in einer anderen Stadt mit ihrem eigenen Freundeskreis und war völlig unbeobachtet und fühlte sich auch so.

»Meine Freiheit war mir immer mein höchstes Gut und das sollte ich nun auf einmal preisgeben für die Nähe zu meinem Freund. Außerdem hatte ich mich damit für einen Mann entschieden, wo ich doch bis dahin bisexuell gelebt hatte. Ich wusste auch nicht, wie sich ein gemeinsamer Alltag auf eine Beziehung auswirkt. Ich stellte mir das in meinen schlimmsten Albträumen oft recht trist vor auf die Dauer. Trotzdem war zu einem bestimmten Zeitpunkt unserer Beziehung klar, dass ein nächster Schritt notwendig war, wenn sie weitergehen sollte.«

Durch die Wochenendbeziehung waren die Treffen mit ihrem Freund immer etwas Besonderes geblieben. Sie stöhnten oft über die ewige Fahrerei, über das Ein- und Auspacken, darüber, dass man gerade das ganz bestimmte Buch, das man nun gerade lesen wollte nicht da, sondern am anderen Ort hatte, darüber, dass das Hin und Her auch anstrengend ist, aber sie zahlten diesen Preis lange für die Möglichkeit, dass der Alltag nicht einziehen konnte. Schwierig ist es schon, das Liebesleben immer auf ein paar Stunden des Wochenendes zu reduzieren, aber für Ina schien es weitaus schwieriger, die Liebe im Alltag am Leben zu halten.

Die Hochspannung von Kurzzeitbeziehungen kann nur durch die zeitliche Befristung erhalten bleiben. So kannte sie es und fürchtete den kompletten

Wandel. Deshalb inszenierte sie vor ihrem Umzug noch mal eine spannende Begegnung nach der anderen. »Ich hatte einfach auch unbändige Angst vor derart viel Nähe. Ich musste es mir noch mal so richtig beweisen.«

Heidemarie ist bereits einmal geschieden und betrachtete es als einen mutigen Schritt ihrerseits, dass sie sich erneut fest binden wollte. Sie hatte sich in den vergangenen vier Jahren als Single recht wohl gefühlt. Vor der anstehenden Hochzeit beschloss sie, noch mal allein in den Urlaub zu fliegen. Sie empfand das tatsächlich als einen Abschied vom Jungesellinnendasein. Einen Urlaubsflirt hatte sie nicht beabsichtigt. Sie wollte einen bewussten Übergang von einem Lebensabschnitt in den anderen gestalten, indem sie ihr Lieblingsland, dass sie schon mehrmals allein oder mit Freundinnen bereist hatte, noch mal aufsuchte.

In dieser traurigen Stimmungslage begegnete Heidemarie einem spritzigen, lebensfrohen Mann, der sie mitriss und aus der Totengräberabschiedsstimmung herausholte. Sie genoss die Unverbindlichkeit und Freude und all die Dinge, die wir im Kapitel über den »Urlaubsflirt« gehört haben. Doch hatte es den Beigeschmack des letzten Males. Die Beschreibungen klangen wie die Panik vor dem Torschluss. Nur heißt das in diesem Fall ja nicht, dass eine Lebensmöglichkeit sich vor der eigenen Nase verschließt, sondern dass die Entscheidung dazu führt, dass hinter einem ein Tor zufällt, damit sich ein anderes öffnen kann.

Im Gespräch drängte sich das Bild einer Frau auf, die das Portal eines Klosters durchschreitet, welches hinter ihr zufällt. Das ist ein recht interessantes Phänomen, wenn man sich vor Augen hält, dass mit der Entscheidung für die Partnerschaft beileibe nicht das Zölibat auferlegt wird – oder doch?

Noch Frau oder nur Mutter?

»Max war 18 Monate alt und seine Schwester zwei Jahre älter, als ich eine Gelegenheit zu einer sehr weiten Reise nutzte. Wegen der Entfernung erstreckte sie sich über drei Wochen. Ich hatte fürchterliches Lampenfieber vor dem Abflug und während der ganzen Zeit auch unglaublich viel Sehnsucht nach meinen Kindern. Ich musste die Sorge um ihr Wohlbefinden oft verdrängen, damit ich nicht völlig von den Gedanken an sie vereinnahmt wurde. Trotzdem hatte ich diese Chance zur Reise wahrgenommen, weil ich spürte, dass ich in meinem Alltag mit Haus und Kindern langsam muffelig und unzufrieden wurde.«

Carolin berichtet von ihrem alltäglichen Stress, den pausenlosen Aufgaben, die zu jeder Tages- und Nachtzeit an allen Tagen der Woche, ohne Urlaubs- und Feierabendanspruch an eine Mutter gestellt werden. »Es ist einfach unentwegt etwas zu tun. Kaum ist der eine Handschlag erledigt, liegt eine andere Notwendigkeit an.«

Diejenigen Leserinnen unter Ihnen, die den mutigen Schritt in ein Leben mit Kindern getan haben, wissen sicher, wovon hier die Rede ist, wenn Carolin erklärt: »Man kann gar nichts dazu, dass der Horizont über Wickeln, Einkaufen, Kochen, Stillen, Waschen, Aufräumen, Vorsorgeuntersuchungen, Impftermine und wieder Wickeln, Einkaufen und immer so fort nicht mehr hinausgeht. Wenn dann mal eine halbe Stunde Ruhe ist, ist man wegen des ewigen Schlafmangels derart hinüber, dass man ohnmächtig auf das Sofa sinkt und sicherlich zu keinen intellektuellen Höhenflügen mehr in der Lage ist. Vielleicht macht man sich noch Gedanken darüber, welches Spielzeug für die Entwicklung der Kinder förderlich ist oder welches Kinderbuch ein anspruchsvolles Niveau hat. Es ist aber immer alles auf die Kinder bezogen und kreist um den Job der Mutter und der umfasst unglaublich viel.«

Viele Frauen beschreiben Schwangerschaft, Geburt, Stillzeit und Kleinkindphase als eine Demutsleistung, einen Angriff auf das Ego. In kaum einer anderen Lebenssituation müssen die eigenen Bedürfnisse über eine derart lange Zeitspanne zurückgestellt werden. Diese Phase ist nicht nur lang, sondern bezieht sich auf alle Ebenen der persönlichen Identitätsbildung. Es verändert sich der Körper und leistet Unglaubliches, eine Geburt ist eine Grenzerfahrung. Die ökonomischen Verhältnisse verändern sich drastisch. Bleibt eine Frau mehr als acht Wochen nach der Geburt zu Hause, bezieht sie keinen Lohn. Ich vernachlässige hier die lächerliche Summe des Erziehungsgeldes, das auf zwei Jahre begrenzt ist. Das heißt, die Mütter, die vorher autarke Frauen waren, stehen plötzlich in direkter existenzieller Abhängigkeit vom Vater des Kindes oder vom Staat. Die sozialen Beziehungen verändern sich, da das Freizeitverhalten von den Bedürfnissen des Kindes bestimmt wird. Emotional bekämpfen sich extreme Gefühle von überschwänglicher Liebe dem Kind gegenüber, Wut über die Begrenzungen, die einem der Nachwuchs »auferlegt«, Angst wegen der vielen Veränderungen im Lebenszusammenhang, Erschöpfung wegen der Dauerbeanspruchung und viele Gefühlswallungen mehr. Der gesamte geistige, körperliche, soziale und ökonomische Hintergrund einer Frau ist vom Kinderkriegen betroffen.

Doch zurück zu Carolin. Aus diesem Rhythmus herausgerissen und mit großer räumlicher Distanz entwickelt sie nach und nach wieder ein Gespür für ihr »anderes Ich«. Nach Jetlag und Stillnächten schlief sie erst mal 24 Stunden durch und entwickelte dann über Stunden und Tage ihr altes Gefühl für sich selbst wieder. Sie traf alte Bekannte und lernte deren neue Freunde kennen, konnte ohne Unterbrechungen Mahlzeiten zu sich nehmen und ungestörte Gespräche führen, deren roter Faden nicht durch Bedürfnisse von Kindern unterbrochen wurde oder wegen Konzentrationsschwäche schwer zu halten war. Sie lag mit Muße in der Sonne, konnte aufstehen oder zu Bett gehen, wie sie es brauchte und nicht wie das Leben mit Kindern es diktiert. Sie bummelte ungestört ziellos durch Geschäfte und hetzte nicht von einer Notwendigkeit zur nächsten durch die Läden, um die Mittagsschlafgewohnheiten des einen oder anderen Kindes zu berücksichtigen. Kindererziehung ist ein selbstloses Geschäft.

Nach ein paar Tagen fand sie wieder zu ihrem Selbst zurück. Plötzlich entwickelte sich auch wieder ein anderes Gefühl zu ihrem Körper. Nach insgesamt vier Jahren, die sie mit Schwangersein, Gebären, Stillen und Rückbilden beschäftigt gewesen war, genoss sie jedes ausgiebige Schaumbad und jeden Spaziergang in Sonne und Meeresluft. Die neuen Kontakte regten sie an und die Gespräche, die keinerlei Blähungs-, Nahrungs-, Zahn-, Schlaf- oder Masernprobleme zum Inhalt hatten, belebten ihren Geist wieder.

Sie lehnt die »Kleinkindgespräche« nicht ab. Es ist völlig natürlich, dass diese Themen alle Mütter beschäftigen, da sie zu neunzig Prozent den Alltag bestimmen. Sie hat zusammen mit dem richtigen Mann zwei reine Wunschkinder bekommen und würde es jederzeit genau so wieder tun. Dennoch tat es ihr gut, sich selbst auch wieder (anders) wahrzunehmen.

Stolz zeigte sie dort die Fotos ihrer Familie, wurde aber nicht nur wie sonst in erster Linie über diese definiert. Sie war hier nicht die Mutter, sondern sie war eine Frau, die irgendwo zwei Kinder hat. Und vor allem die Frau war es, die Bob wahrnahm. Er flirtete heftig mit ihr und sie ging darauf ein. »Es war soo schön, sich mal wieder weiblich und attraktiv zu finden und auch so bestätigt zu werden. Ich war ganz glücklich, nicht nur mütterliche Gefühle zu haben und körperlich vom Muttersein besetzt zu sein. Die Frau in mir blühte auf.«

Carolin und ihr Mann hatten schon vor der Eheschließung darin übereingestimmt, dass sie eine Familie und zwei Kinder wollten. Sie hatten sich aber auch eingestanden, dass sie Treue für eine Illusion halten und sich deshalb das berühmte Treueversprechen nicht geben würden. Versprochen haben sie sich, auch in der Untreue die Würde des anderen nicht zu verletzen und den Respekt vor den Grenzen des Partners oder der Partnerin nicht zu verlieren. Angesichts dieses Arrangements gab Carolin sich diesen Gefühlen ohne jegliches Schuldgefühl hin. Sie genoss diese – im wahrsten Sinn des Wortes – Auszeit. Das Sexualleben in ihrer Ehe beschreibt sie als ausgefüllt. Irgendwelche Unzufriedenheiten aus dieser Richtung trugen nicht dazu bei, dass sie sich auf Bob eingelassen hat. Bob und sie stehen noch heute, zehn Jahre später, in regelmäßigem schriftlichen oder telefonischen Kontakt und haben in der Zwischenzeit auch einen gemeinsamen Urlaub miteinander verbracht. Sie fühlen sich verbunden und diese Verbundenheit geht weit über ein rein sexuelles Verlangen hinaus.

Carolin steht fest auf dem Standpunkt, dass es im Leben nicht nur eine, sondern viele Liebesbeziehungsmöglichkeiten gibt. Wenn man sich entschieden hat, mit einer davon eine Familie zu gründen und/oder einen Menschen als Lebensgefährten wählt, passieren die anderen Beziehungen, wenn man sie eingeht, eben nicht nacheinander, sondern synchron. Sie erklärt, dass auch sehr viel Selbstdisziplin und Gefühlskontrolle notwendig seien, diese Begegnungen nicht so ausufern zu lassen, dass sie die bestehende Beziehung oder Familie bedrohen, für die man sich einmal entschieden hat.

Dies erinnert auch ein wenig an Marion, die selbst für die große Liebe ihres Lebens die Familie nicht aufgab. Trotzdem klingt es auch paradox, will man sich doch beim Lieben eigentlich gehen lassen. In den vorausgegangenen Kapiteln wird gerade diese Qualität der Hingabe als Merkmal der Seitensprünge hoch gelobt. Hier spricht Carolin von der Kontrolle der Gefühle zum Schutz der bestehenden Beziehung. Für sie ist dies allerdings die Möglichkeit, die zwischen »ganz« oder »gar nicht« liegt.

Evelyns Kind ist gerade ein Jahr alt, als sie eine Affäre mit einem Mann beginnt. Sie betrachtet das Kinderkriegen für sich als Kick für ihr Frausein. Sie fühlte sich auch körperlich nach der Geburt »granatenscharf« und »urweiblich«. Ihre Gewichtszunahme war für sie überhaupt kein Problem, ein seltenes Phänomen unter Frauen. Ob es ihre Gewichtszunahme oder ihre Mutterrolle war, die ihrem Partner die Lust nahm, ist weitgehend ungeklärt. Klar ist, dass das Sexualleben der beiden gen null ging.

»Mensch, das war bitter. Dieser asexuelle Zustand stand völlig konträr zu meinem Erleben und meinem Körpergefühl. Ich hatte eine ganz intensive Sehnsucht, dieses Frausein mit ihm auszuleben. Dass das mit meinem Partner nicht ging, hat mich hart getroffen. Je mehr ich klagte, desto weniger klappte es. Das Ergebnis war also, dass es immer weniger Sexualität zwischen uns gab. Ist ja auch logisch, war mir auch klar, aber ich wusste auch nicht, was ich denn anderes tun sollte, als das Fehlende einklagen. Ich war einfach völlig frustriert. Ich war verzweifelt und dabei, mich davon völlig herunterziehen zu lassen, obwohl es mir ansonsten ja richtig gut ging.«

Es ist ein weit verbreitetes Phänomen, dass Frauen nach der Geburt eines Kindes und während der Stillzeit, also überhaupt der Zeit höchster Beanspruchung des weiblichen Körpers, wenig sexuelle Lust verspüren. In den Interviews stellte sich allerdings heraus, dass die Väter ihre Frauen nicht mehr in erster Linie als Frauen, sondern als Mutter ihres Kindes betrachteten und wenig Begehren zeigten. Darunter litten diese nicht unerheblich und Evelyn berichtet weiter:

»Dann kam ein Freund meines Partners und hat mich angemacht. Puh, war das übel. Erst habe ich gedacht: »Der muss verrückt sein, schließlich bin ich die Frau seines besten Freundes!«

Fast möchte man sagen: Es kam, wie es kommen musste. Er umwarb sie, bis es bei ihr »aussetzte«. Sie fand es moralisch verwerflich, beschloss aber irgendwann die Freundschaft der Männer nicht zu ihrem

Problem zu machen und ließ sich auf die Affäre ein. Diese Liaison dauerte zwei Monate. Evelyn hatte es sogar darauf angelegt, dass ihr Partner etwas merkte. Sie blieb lange weg, kaufte sich neue Unterwäsche und wartete darauf, dass er reagierte. Tat er aber nicht!

Sie hat das Verhältnis irgendwann beendet, weil sie das Versteckspiel »dämlich« fand. Ihren Anteil daran kann sie bis heute gut vertreten: »Er wollte mich ja nicht. Trotzdem hatte ich in der kurzen Zeit zumindest das Gefühl, wieder Frau zu sein oder besser gesagt, die Bestätigung, dass auch ein Mann das so sehen kann. Ich fühlte mich ja als Frau gerade durch das Kind und all das Drumherum irre weiblich. Die paar Schwangerschaftsstreifen und die Pfunde mehr haben mich daran nicht gehindert.«

Sätze wie diese hört man in Zeiten der Models und der Magersucht selten aus einem Frauenmund.

Die einen fühlen sich auf das Muttersein reduziert und wollen die Frau in sich erwecken, die anderen fühlen sich gerade durch das Mutterwerden ungemein weiblich. In allen Fällen will das Frausein auch auf sexuellem Gebiet gelebt werden. Wird eine Frau Mutter, finden unvorstellbare Veränderungen in ihrem Leben statt. Es verändert nicht nur ihren Alltag, sondern auch ihre Identität als Frau.

Viele Interviewpartnerinnen erklärten die darauf folgenden sexuellen Aktivitäten – auch mit dem eigenen Partner – als intensive Suche nach der alten oder der neuen Frau und Weiblichkeit in ihnen.

Das platonische Fremdgehen

Am Anfang fast jedes Interviews stand die Frage der Definition. Was ist Fremdgehen? Mit einem anderen Mann oder einer anderen Frau Geschlechtsverkehr haben, während ich eine feste Partnerschaft habe? Mit jemandem knutschen, streicheln, sich massieren? Sich mit jemandem gut verstehen? Immer wieder andere Männer auf »Eignung« bezüglich Partnerschaft oder Erotik hin anzusehen, obwohl ich bereits gebunden bin? Mit jemandem immer wieder Intimes auszutauschen, während ich mit meinem Partner nur irgendwie den Alltag teile?

Ich habe die befragten Frauen dazu animiert, ihre »Fremdgehbiographie« zu erzählen und die Definition von ihren Gefühlen dabei abhängig zu machen. Wenn sie das Gefühl hatten »Jetzt gehe ich fremd«, dann ist die Bedingung dafür im Rahmen dieses Buches erfüllt. So kam es denn des öfteren vor, dass Beziehungsgeschichten eine Rolle spielten, die keinerlei sexuelle Aktivität beinhalteten.

Sonja ist 41 Jahre alt und führt ein eigenes Steuerbüro. Sie lebt in ihrer Eigentumswohnung, ihr Partner in seinem eigenen Haus im gleichen Ort. Sie berichtet z.B. von einem Mann, den sie kennen lernte, als ihr Freund dienstlich für einige Zeit im Ausland tätig war. Sie hatten einige Male geschäftlich miteinander zu tun und trafen sich zu diesen Besprechungen unter anderem auch in Cafés. Manchmal standen sie dann noch stundenlang vor dem Eingang und kamen im Gespräch vom »Hundertsten ins Tausende«. Schließlich beschlossen sie, nach einem solchen Geschäftsessen einen Gang um den See zu machen. Der Inhalt ihrer Gespräche wurde naturgemäß immer persönlicher. Sie teilten den gleichen Humor und verabredeten sich auch hin und wieder privat. Sie spürte, wie sehr sie sich auf diese Verabredungen freute und stellte irgendwann fest, dass sie dabei war, sich in ihn zu verlieben. Sie hat diese Beziehung nie auf eine körperliche Ebene gebracht, hatte aber das deutliche Gefühl, emotional fremdzugehen.

Evelyn (wir kennen sie schon), die im Laufe ihrer Beziehung zu ihrem treulosen Partner immer mehr an Skrupel verlor, ihn zu betrügen, verschwieg ihm eine Bekanntschaft, weil sie für sie bedeutungsvoller war, als ihm lieb gewesen wäre. Sie hatte sich in einen Kommilitonen verliebt, mit dem sie ein Referat erarbeitete. Ihr Verhältnis wurde sehr innig und liebevoll. Sie gingen nie miteinander ins Bett, dennoch hatte sie das Gefühl, hier mehr fremdzugehen als bei manchem Fetenflirt, mit dem sie auch sexuell intim wurde.

Interessant war, dass sich eine Frau zu einem Interview meldete, die keinerlei sexuelle Kontakte außerhalb ihrer Beziehungen hatte. Wohl löste eine die andere mal ab, aber sexuell hat sie sich immer erst auf einen Mann eingelassen, wenn die Beziehung zum vorigen beendet war. Trotzdem hatte sie das Gefühl fremdzugehen, als sie zu einem Mann auf einer längeren Fortbildung ein inniges, platonisches Verhältnis aufbaute. Zu dieser Zeit kriselte es in ihrer festen, mehrjährigen Partnerschaft. Sie fühlte sich von ihrem Freund nicht mehr beachtet. Sein wirkliches Interesse an ihr und ihren Prozessen war erlahmt. Sie hatten ein gemeinsames Kind und sie fühlte sich von ihm nur noch auf das Muttersein reduziert. Sexualität spielte so gut wie gar keine Rolle mehr. Ihr Freund war durchaus zufrieden mit diesem Status quo. Sie hingegen erlebte das Zusammenleben mit ihm nicht mehr wie eine lebendige Partnerschaft zwischen Mann und Frau. Ihr fehlte der Bezug zu ihm. Alle Kämpfe ihrerseits um Wiederbelebung liefen buchstäblich ins Leere. Als sie Norbert kennen lernte, merkte sie, was ihr fehlte. Das Interesse an ihren Gefühlen und Gedanken, die Bestätigung, dass es eine Freude war, mit ihr Zeit zu verbringen, das Bemühen um Nähe waren Balsam auf ihre unterversorgte Seele. Auch eine neugewonnene Freundin teilte mehr mit ihr als ihr Partner. Seine Eifersucht wurde immer größer. Er konnte ihrem Ringen darum, dass sie eigentlich genau dies alles am liebsten mit ihm teilen wollte, nicht glauben. Er glaubte ihr auch nicht, dass ihr Verhältnis zu Norbert ausschließlich platonischer Natur war.

Es war platonisch, trotzdem hatte sie das Gefühl fremdzugehen. Sie hatte »Verhältnisse« mit anderen Menschen als ihrem Freund und Vater ihres Kindes. Eine Reanimation ihrer Beziehung war nicht mehr möglich. Ihr Mangelgefühl, das sie draußen kom-

pensierte, und seine Eifersucht wuchsen ins Uner-
messliche. Schließlich trennte sie sich nach jahrelangen vergeblichen Rettungsversuchen. Nach einer
Weile ging sie auch mal mit Norbert ins Bett. Diese
Aktion wiederholten sie aber nicht mehr, weil es irgendwie nicht wesentlicher Bestandteil ihrer Beziehung war.

ES IST PASSIERT –
WAS NUN?

Heimlich oder offen?
Die Frage nach dem Wie

Sicherlich haben einige von Ihnen beim Lesen Neues erfahren. Andere werden Erfahrungen hinzufügen können, die wieder ganz anders geartet sind und hier nicht besprochen wurden. Daran sieht man, wie vielfältig menschliche Geschichten sein können.

Vielfältig ist auch der Umgang der Frauen mit ihren Erfahrungen. Die Fragen, die die Frauen sich stellen, hören nicht auf. Sicher ist die Entscheidung, ob sie fremdgehen, eine schwerwiegende. Was aber häufig ebenso schwer wiegt, bzw. auf ihrer Seele lastet, ist die Frage, wie sie damit umgehen, wenn es geschehen ist. Sie müssen entscheiden, ob sie ihr erotisches Geheimnis lüften oder nicht. Sie müssen das Geschehen in ihr Bild von sich als Frau und als Partnerin und in ihr eigenes Wertesystem integrieren. Außerdem müssen sie, unabhängig davon, ob sie den Seitensprung offenbart haben oder ihn geheim halten, ihn in das schon existierende Beziehungsgefüge einbauen.

Schon während oder direkt nach dem Fremdgehen wollen die gemachten Erfahrungen irgendwie verarbeitet werden. Jede der befragten Frauen stellte sich die Frage, ob sie es ganz mit sich allein abmacht oder ob sie mit einer Freundin, einer Bekannten, der Schwester, der Mutter oder einer anderen ihr wichtigen und vertrauenswürdigen Person darüber sprechen sollte. Manche brauchten dringend das Gespräch, ein Gegenüber, um das Geschehene verarbeiten zu können. Es war natürlich von großer Bedeutung, dass diese Person nicht moralisierend oder zu stark wertend reagierte. In solchen Fällen hätte es sonst noch zusätzlich eine Auseinandersetzung gegeben. Nein, die Frauen suchten eine wohlwollende, eher zuhörende Begleiterin (in nur einem Fall handelte es sich um einen Begleiter in der Person eines befreundeten Seelsorgers und Psychologen). Das Bedürfnis bestand in erster Linie darin, sich mitzuteilen und zu wissen, dass eine weitere Person die neuen Gefühlswallungen kennt. Konnten sie der Person wirklich vertrauen, waren sie sich ihrer Toleranz und Loyalität sicher, empfanden die Frauen es als eine unbezahlbare Erleichterung und Entlastung. Sie versanken nicht mehr in ständigen Selbstbewertungen, in Grübeleien und in nicht zu ordnendem Gefühlschaos.

Wenn diese Vertrauenswürdigkeit nicht gegeben war oder wegen des persönlichen Misstrauens nicht aufzubringen war, mussten die Frauen das Erlebte allein verarbeiten. Es gab auch einige, die diesen

Umgang aus freien Stücken bevorzugten, obwohl es schon Menschen gab, denen sie sich hätten anvertrauen können. Sie wollten nicht teilen. Sie wollten das Erlebte ganz für sich allein bewahren oder aber unbeeinflusst von den Kommentaren und Stellungnahmen anderer lassen.

»Das hätte mich wahnsinnig gemacht, wenn meine Freundin dann solche Sachen gesagt hätte wie: ›Aber der Peter ist doch so ein Netter!‹ oder: ›Was, das hätte ich ja nie von dir gedacht!‹ oder: ›Das hat ja so kommen müssen bei seiner Ignoranz!‹ oder: ›Bei deinem Narzissmus, kein Wunder!‹ oder: ›Das tust du doch nur, um dich nicht tiefer einzulassen.‹ Ich hätte mich sicherlich mehr mit ihren Kommentaren rumgeschlagen als mit der Tatsache, dass ich es getan habe oder mit dem, was das Ganze mir bedeutet hätte. Am schlimmsten sind die guten Ratschläge! Das hätte mich alles viel zu intensiv beeinflusst und beschäftigt. Ich wäre dann gar nicht mehr zu meinen eigenen Gefühlen gekommen.«

Vanda hingegen schwört auf die hohe Bedeutung der Gespräche mit ihren beiden besten Freundinnen. »Im Austausch mit den beiden konnte ich meine Gedanken immer mal wieder neu ordnen, mich beruhigen und in Ruhe überlegen und beratschlagen, was ich dann als Nächstes tu. Letztendlich konnte ich es eh nur auf meine Art machen, aber zu wissen, dass die zwei mir zuhören und mich ernst nehmen, war sehr verbindend und wohltuend. Das Wichtigste war, dass beide mich nicht verurteilt haben dafür.

Das war sogar eher meine Tendenz mit mir selbst zu verfahren. Sie konnten das Ganze weitaus objektiver sehen. Und sie konnten dichthalten.«

Das scheint ein nicht immer gegebener Umstand zu sein. Häufiger hört man von Moralaposteln und so genannten guten Freunden und Freundinnen, die meinten den (noch) ahnungslosen Partner, in Kenntnis setzen zu müssen.

Carolin ist es wichtig, die Solidarität der Frauen zu spüren und sich nicht weiszumachen, dass »so was« unter Frauen verpönt ist. »Dieser ganze Ganzheitlichkeits-Quatsch, den sie uns immer aufdrücken wollen, geht mir enorm auf den Keks. Egal, ob es sich dabei um die Liebe zu einem Mann oder zu Kindern handelt. Ich liebe meinen Mann und ich liebe auch meine Kinder und ich habe auf viele Dinge natürlich verzichtet, weil ich auf meine drei Lieben nicht verzichten wollte. Aber trotzdem habe ich auch einfach mal nur Lust und vielleicht auch mal auf einen anderen Mann. Und ich habe diese Schwangerschaften auch mitunter nicht immer vorschriftsmäßig beglückend empfunden, sondern als entstellend und beschwerlich.«

Der Austausch untereinander dient den Frauen dazu, die Wahrheit herauszufinden. Sie kennen es, darunter zu leiden, dass sie nicht einer Norm entsprechen und finden sich deshalb »falsch«. Durch das Gespräch relativiert sich das falsche Bild und verliert die Macht über ihr psychisches Wohlbefinden. Wir haben also, kaum dass eine Frau sich aus dem Bett eines anderen Mannes als ihres Partners erhoben hat, schon wieder mindestens vier Positionen für oder gegen eine bestimmte Umgangsweise mit der »Tat«.

- Die erste Frau findet es beeinflussend und verwirrend, sich anderen mitzuteilen.
- Die zweite fühlt sich erst dadurch getragen und braucht es, um sich Klarheit zu verschaffen.
- Die dritte würde nie jemandem so sehr vertrauen, dass sie sich mitteilt.
- Die vierte braucht es als Regulativ für das gesellschaftliche Bild der Frau, das allzu häufig nicht der Wahrheit entspricht.

Jenseits der Frage, ob man sich verschließt oder mitteilt, steht die Entscheidung an, ob der Partner vom Geschehen in Kenntnis gesetzt werden soll. Wieder verhält es sich so, dass es kein einheitliches Verfahren in dieser Frage gibt.

»Kannst du mir mal sagen, wofür das gut sein soll?«, fragt Lisa, als sie sich äußern soll, ob sie ihrem Lebenspartner von ihrer Affäre erzählt hat. Sie steht eindeutig auf dem Standpunkt, dass es nur unnötige und gemein schmerzende Wunden in das Herz und die Seele des anderen schlägt. »Weißt du, wenn es wirklich nur eine kleine Affäre war, hat man sie selbst schon längst wieder vergessen, wenn der Partner sich immer noch mit der Kränkung des Betrogenseins herumschlägt. Ich glaube, das macht manche Beziehung mehr kaputt als das Fremdgehen selbst.«

Sie fragt sich auch, ob hinter den Offenbarungswünschen nicht auch der Wunsch steckt, dass einem verziehen wird. »So nach dem Motto: Ich hab dir zwar ungeheuer weh getan, aber jetzt sag ich es dir ja ganz ehrlich und nun vergib es mir. Ich meine, da käme ich mir auch für dumm verkauft vor.«

Silke gibt offen zu, dass sie sich in ihrer jugendlichen Naivität immer gewünscht hat, dass der um einige Jahre ältere Lebenspartner ihr kleine sexuelle Eskapaden väterlich verzeiht. Sie spricht hier von ihrer vergangenen achtjährigen Beziehung zu einem Mann, mit dem sie während ihrer Umschulungszeit in einer Wohngemeinschaft zusammenlebte. Heute schüttelt sie über ihr damaliges Ansinnen den Kopf. In der Tat steckt in diesem Wunsch eine hohe Anforderung, oft eine Überforderung für den Betrogenen, wie die Erfahrung zeigt.

Auch Lisa, die von diesen Formen der »Ehrlichkeit« nichts hält, hatte manchmal das Bedürfnis, ihrem Mann reinen Wein einzuschenken. Der Wunsch, sein Gewissen zu beruhigen, klare Verhältnisse zu schaffen und Geheimnisse zu lüften, um in ganz engen und offenen Kontakt mit dem Partner zu treten, ist nachvollziehbar. Man möchte beichten und dann quasi wieder bei null anfangen. Voraussetzung dafür ist, dass der Partner verzeihen kann.

Betrogen worden zu sein ist aber für die meisten Menschen eine schwere seelische Verletzung. Das Ausmaß dieser Verletzung hängt nicht zuletzt von der sonstigen seelischen Stabilität des Betroffenen ab. Die Reaktion auf diese Verletzung ist unter anderem Wut oder Rückzug. Der betrogene Partner kann also noch gar nicht unverzüglich bereit sein zu dem, was die Seitenspringerin mit ihrer Offenbarung vielleicht zu erreichen hofft: Verzeihen, Absolution, klare Verhältnisse, Befreiung von Schuldgefühl und Geheimniskrämerei.

Er wütet herum, rastet aus, zweifelt an, zieht sich in sich zurück oder wechselt zwischen beiden Reaktionsmustern hin und her. Diese Zustände können oft sehr lang anhalten. Während die »Ehrlichkeit in Person« wieder auf den Partner verstärkt zugehen möchte, ist der Betrogene erst mal damit beschäftigt, Distanz zur Verursacherin aufzubauen. Er will sich schützen vor ihr und muss seine Wunden lecken. Häufig ist auch noch mit einer Retourkutsche zu rechnen, die die Verbindung auf eine weitere harte Probe stellt. An dieser Stelle verweise ich noch mal auf die Äußerungen über das Fremdgehen aus Rache. Auch Männer sind davor nicht gefeit.

Lisa geht sogar so weit, den Wunsch nach einer derartigen Entlastung als kindisch zu bezeichnen. »Ich meine, der Mensch, dem ich in dem Moment am meisten weh getan habe, soll mich jetzt freisprechen. Wir sind doch nicht im Beichtstuhl, wo wir Absolution erhalten oder bei Mami, die ihren kleinen Liebling trotzdem liebt.«

Lisa betrachtet es als erwachsen, seine Handlungen vor sich selbst zu rechtfertigen und dazu zu stehen, ohne die Absolution eines anderen zu benötigen. Sie hält es sogar für verantwortlich, den Partner nicht zusätzlich zu entwürdigen und zu verletzen, sondern auch ein Geheimnis für sich behalten zu können.

Das ist natürlich schwer möglich und auch wenig sinnvoll, wenn die neu begonnene Beziehung die alte ablösen soll, so wie viele der Frauen es in ihren ersten Beziehungserfahrungen in der Adoleszenz erlebt haben. Die ersten Beziehungsversuche, in denen ein Freund den nächsten ablöst, sind sozusagen so angelegt, dass sie offenbar werden.

Auch die bereits dargestellten »Sprungbretter« aus der Ehe werden, um ihre Funktion zu erfüllen, in den meisten Fällen irgendwann bekannt. Wie Sie sich erinnern, hat Anne einen Liebesbrief so »verlegt«, dass ihr Mann darüber stolpern musste. Das hat sie nicht vorsätzlich geplant, aber nach eigenen Worten irgendwie unbewusst inszeniert. Der darauf folgende Streit machte es ihr endlich möglich, über ihre Unzufriedenheit in der Ehe so zu sprechen, dass sie auch gehört wurde. Ihr Mann war betroffen (im wahrsten Sinn des Wortes).

Dies fällt schon unter die Kategorie »drastisches Mittel«, wenn es als Weg gebraucht wird, Betroffenheit herzustellen. Aber zu diesem Punkt an anderer Stelle mehr.

Ist es jedoch bewusst oder unbewusst gelungen, den Partner betroffen zu machen, das heißt, ihn an einer offenen Stelle zu treffen, ihn (endlich) zu erreichen, dann erleben diese Ehen eine Chance, sich zu wandeln oder sich aufzulösen. Die im ersten Kapitel

»Rache ist süß« beschriebenen Fälle scheinen auf den ersten Blick nur dann einen Sinn zu machen, wenn das Fremdgehen offen gemacht wird. Wo soll sonst die Genugtuung in der Rache liegen? Weit gefehlt.

Auch hier ist nichts zwangsläufig einheitlich. Mancher Frau genügt das Gefühl, es ihrem Mann gleichzutun, ohne dass er davon erfahren muss. Manche findet gerade im Geheimen, in der Tatsache, dass der Bösewicht es nicht einmal ahnt, sie u.U. völlig falsch einschätzt, ihre Genugtuung. Dabei muss nicht unbedingt Fremdgehen mit Fremdgehen vergolten werden. Manchmal rächt sich die Frau auch für andere Dinge wie Vernachlässigung oder Abwertung mit einer Affäre. Sie holen sich, was sie brauchen, ob offen oder geheim.

Hiltrud, die gebeutelte 68er-Frau, schüttelt nur missbilligend den Kopf in der Erinnerung an den Dogmatismus der freien Generation. »Meine Güte, was haben wir uns da aber auch abverlangt. Schmerz und Eifersucht wurden gleich unter konservatives Besitzdenken abgebucht und verteufelt.« Sie hat die Lehre daraus gezogen, dass neue Ideen zumindest eine lange Zeit brauchen, um in letzter Konsequenz und mit Herz umgesetzt werden zu können. »Nur weil in einigen Regionen Afrikas die Vielehe real ist, kann ich sie doch nicht per Verstand und Vorsatz einfach in unsere Kultur hineinverpflanzen. Wie soll denn das gehen, wo wir vollkommen anders sozialisiert sind?«

Carolin hält es für einen sträflichen Realitätsverlust, an ewige Treue zu glauben. Darüber hat sie sich wie schon erwähnt vor der Hochzeit mit ihrem Mann verständigt. Eine heimliche Affäre käme für sie nicht in Frage. Es ist in ihren Augen ein Zeichen der Nähe und des Vertrauens, sich solch emotional bewegende Erfahrungen mitzuteilen. Ansonsten fühlt sie sich vom Leben des Mannes zu sehr ausgeschlossen. Deshalb weiß sie lieber Bescheid. Carolin besitzt die vielleicht beneidenswerte Fähigkeit, die außerehelichen sexuellen Begegnungen ihres Mannes nicht »auf sich zu beziehen«. Sie sieht damit den Stellenwert ihrer Ehe und ihrer Person nicht gefährdet. Zwar spricht sie davon, dass sie sich etwas disziplinieren muss, nicht ausschweifend zu fantasieren, wenn sie weiß, dass ihr Mann gerade eine andere Frau trifft, aber wenn sie »gut auf sich aufpasse«, würde sie nicht sonderlich darunter leiden. Für sie wäre es weitaus kränkender, wenn sie in diese Erlebniswelt ihres Mannes nicht mit einbezogen würde oder wenn Leute aus ihrem Freundes- und Bekanntenkreis davon wüssten, sie selbst aber die Ahnungslose wäre. Dabei verhält es sich jetzt nicht so, dass er ihr alle Details seiner Affären ausführlich beschreibt, sondern er setzt sie nur in Kenntnis, dass es eine andere Person von emotionaler Bedeutung gibt, wer es ist und welche Gefühle er für sie hegt.

Umgekehrt verhält auch Carolin sich ihrem Mann gegenüber so. Anfangs sei es schon recht schwierig gewesen, das richtige Maß an Offenheit zu finden und die Emotionen in der Affäre nicht so hoch kochen zu lassen, dass sie die Ehe gefährden. Die Intensität, mit der der jeweils betrogene Part reagiert hätte, sei auch immer sehr abhängig gewesen von dessen derzeitigem Gemütszustand, seinem oder ihrem Lebens- und Selbstwertgefühl und innerer Stabilität. Mit der Zeit haben beide so etwas wie Routine darin entwickelt.

Carolin erlaubt sich und ihrem Partner einerseits einen großen Freiraum, andererseits verlangt sie die »Verwaltung« von beiden Aspekten, der Verbindung Ehe und der Freiheit fremdzugehen. Nach diesem Muster brauchen beide ein hohes Maß an Selbstdisziplin. Dauernd stehen die Fragen im Raum, was der gemeinsamen Absprache gemäß noch mitgeteilt werden sollte. Ferner sind beide damit beschäftigt, die Gefühle in den Außenbeziehungen immer unter Kontrolle zu halten, um die Familie wiederum nicht zu gefährden.

Wenn wir uns erinnern, hat auch Julia ihren Partner immer davon unterrichtet, wenn sie ihren Lover traf. Ihr Freund schützte sich vor zu viel Beeinträchtigung, indem er keinerlei Details oder Gefühlskonfusionen von Julia erfahren wollte. Er wollte weder von ihren liebevollen Gefühlen noch von Trennungs- oder Abschiedsschmerz etwas erfahren. Da er mit seinen Verlustängsten allein zurechtkommen müsste, sollte auch sie ihre Gefühle, die mit der Affäre zusammenhingen, selbst verarbeiten.

»Nie wieder«, beteuert hingegen Jette, würde sie ihrem Partner eine kleine Affäre unter die Nase reiben. Jette ist 27 Jahre alt, verheiratet und in der Werbeabteilung einer großen Druckerei tätig. Sie ist in der bisher dreijährigen Beziehung einmal mit dem Kollegen einer anderen Firma fremdgegangen. Jette bezeichnet die Auswirkungen als puren Psychoterror. Sie könne sich heute noch dafür geißeln, ihrem Freund in einer schwachen Minute ein Geständnis gemacht zu haben. Die emotionale Bedeutung des Flirts sei für sie schon längst abgeschwächt gewesen, als ihr Partner dann nächtliche Eifersuchtsdramen inszeniert habe. Noch heute bezweifle er ihre Vertrauenswürdigkeit und zwar in allen Punkten, was den Beziehungsalltag schwer belastet.

Obwohl der Kontakt zu ihrer außerpartnerschaftlichen Liebesaffäre längst abgebrochen sei, überlegt sie mittlerweile tatsächlich, sich zu trennen, weil die Folgen und Konsequenzen kaum auszuhalten sind. Sie weiß, dass sie es nicht ungeschehen machen kann, dass sie ihren Partner nur um Verzeihung bitten kann für die Kränkung, die sie ihm damit zugefügt hat. Sie erklärt ihm, dass sie sich bewusst für ihn als Partner entschieden hat. Doch all das reicht nicht, den Knacks, den die Beziehung dadurch erfahren hat, zu beheben.

»Das geht nun schon seit Wochen und Monaten so und ist kaum mehr aushaltbar. Was soll ich tun? Mich umbringen als Zeichen meiner Reue? Ich weiß nicht, wie lange das noch so weitergehen kann.«

Senta will gerade mit ihrer Offenheit ihren Ehemann zum Handeln motivieren. Er scheint jedoch eher in eine Art Schreckstarre verfallen zu sein. Als im Interview der Begriff »Verhaltensänderung« fällt, lässt sie ein verächtliches Schnaufen hören.

»Oh Gott«, sagt sie, »von Verhaltensänderung träum ich ja nur noch. Ich wäre ja schon erfreut, wenn er sich überhaupt irgendwie dazu verhalten würde.«

Ihr Mann scheint zwar sehr betroffen, zeigt aber weder eine Regung noch regt er ein Gespräch darüber an oder geht auf einen ihrer Versuche ein. Anscheinend spricht er auch nicht mit jemand anderem. Die Sentas Seitensprüngen zugrunde liegende Ursache hat mit ihrem unausgefüllten Sexualleben zu tun. Offenbar ist es für ihren Mann schwieriger, dieses Thema in welcher Form auch immer anzugehen, als ihre Eskapaden zu ertragen. Aber auch das können wir letztendlich nur vermuten, da er es nicht selbst bestätigt oder klarstellt. Also ist Senta dazu übergegangen, es hin und wieder zu genießen und zu schweigen. »Leider«, sagt sie.

Derart facettenreich ist der Umgang mit der Untreue unter all den interviewten Frauen und es soll nicht im Geringsten der Anspruch erhoben werden, alle Möglichkeiten angeführt zu haben. Deshalb stellt sich die Frage: Wie um alles in der Welt kann man sich erdreisten, eine allgemein gültige Empfehlung oder Richtlinie zur Handhabung herauszugeben? Gar nicht, oder?

Dies wird aber getan und das aus verschiedenen Richtungen. Ob nun Psychotherapeuten oder Theologen oder vehemente Vertreterinnen der höchst individuellen Ideologie und Moral, viele wissen einen allgemein gültigen Rat. In der Summe sind sie wieder so vielfältig wie die oben beschriebenen Verarbeitungsstrategien. Also schließe ich doch daraus, dass es keine allgemein gültige richtige Antwort zu geben scheint, die auf alle passt.

Da bleibt für die seelische Balance der Betreffenden nur zu hoffen, dass das jeweilige Unterstützung suchende Individuum auf die dazu passenden Ideologen trifft. Stellen Sie sich vor, Sie wollen den Seitensprung geheim halten, um Ihren Partner nicht zu verletzen und ein »Psychologen-Guru« sagt: »Das ist pure Feigheit. Mit diesem Geheimnis verletzt du deinen Partner und seine Würde. Es lebe die Wahrheit!« Sie müssen mir Recht geben, dass es für diese Frau doch vergleichsweise praktischer ist, wenn sie auf Annes Ideologie trifft, die besagt, dass erwachsene Menschen mit dieser Art »Ausschweifung« ganz persönlich und allein klarkommen müssen und nicht von der Erlaubnis oder dem Verständnis des Partners abhängig sein dürfen. Hiernach ist es sogar ein Zeichen von Rückenstärke und Souveränität. Zu dumm nur, dass die Frau im bereits eingetretenen Fall nicht unverbindlich fragen kann, welche Umgehensweise ihr Partner denn am liebsten hätte. Vielleicht möchte sie sich ja doch gern nach seinen Wünschen richten.

Frauen, die erwägen, mit ihrem Partner über ihren »Fremdgang« zu sprechen, sollten folgende Punkte für sich abwägen:

- Zustand und Stellenwert der Sexualität in ihrer festen Partnerschaft
- Charakter, psychischer Zustand und seelisches Gleichgewicht des Partners und ihrer selbst
- Stellenwert der Affäre im Gesamtgefüge
- bisher getroffene partnerschaftliche Absprachen
- die persönlichen Beweggründe fremdzugehen
- eigene Moralvorstellungen

Nur so können Sie für sich herausfinden, ob in Ihrem Fall ein Gespräch mit anderen für Sie von Nutzen ist und ob es angezeigt ist, die Außenbeziehung offen zu legen oder geheim zu halten. Sie sollten dies in äußerst sensiblem Maß aus Ihrer individuellen Situation heraus entscheiden und unter einer persönlichen Zielsetzung betrachten.

BEI MÄNNERN IST DAS ETWAS ANDERES

Haben Lügen kurze Beine?

Es liegt in unserem Wertesystem begründet, dass das heimliche Verhältnis besonders verurteilt wird. »Ehrlichkeit« hat einen hohen Stellenwert. Nehmen Sie das Wort auseinander, scheint es den Besitzer oder die Besitzerin zu ehren, wenn er oder sie darüber verfügt.

Doch wie bei vielen Dingen möchte ich auch hier vor Generalisierung warnen. Die nackte Wahrheit kann an Unhöflichkeit grenzen oder regelrecht seelische Verletzung bedeuten. Wenn Ihnen jemand zur Begrüßung ein fröhliches: »Mein lieber Mann, seit wir uns das letzte Mal gesehen haben, hast du aber mindestens neun Kilo zugelegt, oder?«, entgegen schmettert, so ist das vom Betrachter unglaublich ehrlich und offen, doch ehren wird ihn diese impulsive Offenheit an dieser Stelle keineswegs.

Auch die ungeschminkte Wahrheit über Seitensprünge kann gegebenenfalls an Gemeinheit grenzen, wie folgendes Beispiel zeigt.

101

Eine Frau ist hochschwanger und damit emotional schutzbedürftig, da sie mit ihren körperlichen Veränderungen zu kämpfen hat und der bevorstehenden Geburt mit sehr gemischten Gefühlen entgegensieht. In dieser Verfassung wird sie nun von dem Vater ihres Kindes damit konfrontiert, dass er mit seiner attraktiven Vereinskollegin nach dem letzten Badmintontraining ein kleines Techtelmechtel hatte, »so aus der Stimmung heraus«. In diesem Fall stellt sich die Frage, ob dieses Geständnis nicht zu einem anderen Zeitpunkt hätte abgelegt werden können. Der Betreffende begründete seine Ehrlichkeit damit, dass er nicht wollte, dass etwas zwischen ihnen steht vor der Geburt des gemeinsamen Kindes. Er war von seinem Geheimnis befreit, sie ging belastet in die nächsten Wochen.

Sicher gibt es andererseits viele Geheimnisse, deren Aufdeckung klare Verhältnisse schafft und sogar erleichternd auf alle Beteiligten wirkt. So genannte Familiengeheimnisse wie ausgegrenzte Familienmitglieder, nicht offen gelegte Adoptionen usw. können unterbewusst großen Einfluss auf das psychische Erleben haben. Wenn dann irgendwann die Wahrheit ans Tageslicht kommt, atmen alle auf und können mit dieser weitaus besser leben als mit dem Geheimnis oder der Lüge.

Auch ein Mensch, der über lange Zeit das unbestimmte Gefühl hat, betrogen zu werden und auf Nachfragen hin immer nur der Paranoia bezichtigt wird, kann es direkt erleichternd finden, wenn er die schmerzhafte Wahrheit erfährt, weil sie ihn wieder ins rechte Licht rückt.

Oft müssen Wahrheiten auch ausgesprochen werden, damit das Gegenüber eine Chance auf Erkenntnis und Veränderung hat. Die empörte Frage: »Aber warum hast du denn nie etwas davon gesagt?«, und die Antwort: »Weil ich dich nicht verletzen wollte!«, sind uns wohlbekannt. Die Begründung kann ein Ausdruck von Taktgefühl oder aber auch von Feigheit sein, zeigt doch die Frage, dass der oder die Fragende überrascht und ohnmächtig ist. Wenn z.B. eine Frau als Trennungsgrund die ungebrochene Reiselust ihres Partners angibt und sich einen neuen, sehr häuslichen Mann sucht, ist die Verblüffung ihres Expartners verständlich, der von ihrer Sehnsucht nach Häuslichkeit nichts wusste, da sie ihn auf seinen Reisen immer kommentarlos begleitet hat.

Viele der Beziehungsgeheimnisse beziehen sich auf den Bereich der Sexualität. Den Partner oder die Partnerin hier mit Unzufriedenheiten oder Wünschen zu konfrontieren, ist ein schambesetzter, hochsensibler Bereich. Oft erfahren Partner/innen erst die ganze Wahrheit, wenn es schon zu spät ist für Veränderungsbemühungen. Es ist also eine Frage von Situation und Person, ob Offenheit konstruktiv oder destruktiv ist und ob Verschwiegenheit und Notlüge feige oder ein Ausdruck von Respekt sind.

Wie wir wissen, hätte Carolin Verschwiegenheit als den größeren Betrug ihres Mannes ihr gegenüber betrachtet als sein Fremdgehen. Hiltrud hingegen hätte sich manchmal gewünscht, von der Offensicht-lichkeit der außerehelichen Interessen ihres Mannes verschont geblieben zu sein. Für wieder andere liegt der Unterschied darin, welchen Einfluss die außer-partnerschaftliche Begegnung auf die Beziehung hat.

Wenn Evelyn das Gefühl hatte, ihr Fremdgehen ist Folge eines Missstands in der Beziehung, hat sie es offen gemacht. War es aber »nur mal so«, weil es aus einer Laune heraus stattfand oder ein Partyflirt war, hat sie dies für sich genossen, wenn es denn ein Ge-nuss war, und es für sich behalten, da sie keinen An-lass sah, ihren Freund damit zu belasten.

Welche Einstellung zum Gebrauch der Wahrheit man auch vertreten möchte, im Hinblick auf das Fremdgehen und die Frauen möchte ich einige Hin-tergründe ausführlicher behandeln.

Im Folgenden spinne ich das Netz der Hinterge-danken und Erfahrungen, die die Grundlage bilden, die für all die hier zu Wort gekommenen Frauen mehr oder weniger gleich ist. Mir ist wichtig, die hier beschriebenen individuellen Geschichten vor diesem gemeinsamen Hintergrund zu verstehen, denn sie sind alle darin eingebettet.

Zuerst widme ich mich der Lüge, da das Lügen der Männer und das der Frauen sehr unterschiedlich bewertet wird. »Die kleine Lügengeschichte« ist eine Ausführung dazu und zum »wahrhaftigen« Um-gang der Geschlechter miteinander.

Danach geht es um das Thema Selbstbewusstsein und Verdrängung. Um sagen zu können, was man braucht, muss man erstens wissen, was man braucht, und zweitens das Vertrauen besitzen, dass diese Wünsche und Bedürfnisse respektvoll behandelt werden. Damit ist nicht gemeint, dass alle geäußerten Bedürfnisse direkt von jemandem befriedigt werden müssen, aber doch gehört und gewürdigt statt überhört, entwertet oder missbraucht.

Zum Schluss werde ich noch mal ausführlicher auf meine Interviewpartnerinnen zurückkommen.

Die spannende Frage ist ja, wie jede Einzelne unter den beschriebenen historischen und aktuellen gesellschaftlichen Bedingungen für Frauen und für weibliche Sexualität ihre Erlebnisse verarbeitet und mit ihrem Selbstbild und ihren Vorstellungen von Partnerschaft in der Gegenwart vereinbart.

Die kleine Lügengeschichte

Die kleine Lügen-Geschichte ist eine Geschichte über

- die Lügen der Männer
- die Lügen der Frauen
- die Lügen über Frauen und
- die Lügen der Frauen von heute.

In eindrucksvoller Weise kann man im Alltag eine unterschiedlich gefärbte Beurteilung des Lügens von Männern und des Lügens von Frauen feststellen. Ein Mann erreicht einen Erfolg mitunter durch einen »geschickten Schachzug«, durch »Strategie« oder ausgeklügeltes Spinnen von Fäden, die er hervorragend diplomatisch in der Hand hält. Bis zu einem gewissen Grad gebührt ihm dafür Bewunderung.

In der Politik ist das Lügen mit einer hohen Toleranzschwelle verbunden. Da werden publikumswirksam Ehrenworte abgegeben, die sich mehr als einmal als glatte Lüge erwiesen haben. Dennoch sitzen diese Leute nicht hinter Gittern, sondern weiterhin in ihrem oder einem anderen hoch entlohnten Amt. Strategisch wird die Sache so behandelt, dass das gemeine Volk solche Vorfälle von oft ungeheurem Ausmaß schnell wieder verdrängt. »Ein Mann – ein Wort« ist demnach die reinste Farce.

Frauen hingegen werden, mit diesem zweifelhaften Können ausgezeichnet, als zickig, hinterlistig, gemeine Schlangen, ausgekochte Luder und dergleichen mehr bezeichnet. Als weibliches Wesen scheint es tatsächlich nicht möglich zu sein, einer Schuldzuschreibung zu entkommen. Positiv ausgedrückt würde dies aber bedeuten, wir Frauen trügen für alles die Verantwortung, sprich, wir hätten die alleinige Macht.

Wie wir aber alle wissen, ergibt sich nicht diese Konsequenz daraus. Es hört bei der Schuld einfach auf. Die Frau ist schuld, wenn sie »reizt« und Männer zu grenzüberschreitendem Verhalten veranlasst wie etwa sexuelle Belästigung oder Vergewaltigung. Die Frau ist aber auch schuld, wenn sie keiner beachtet, weil sie sich nicht appetitlich präsentiert. Die Frau ist schuld, wenn sie als prüde bezeichnet wird, weil sie sexistischen Sprüchen ein Ende bereitet. Sie ist aber auch schuld, wenn sie andauernd darunter leidet, weil sie keine Grenzen setzt. Sie ist selbst schuld, wenn sie mit über 35 Jahren noch an die große Liebe oder gar Familiengründung denkt, sie macht sich aber auch schuldig, wenn sie Sex lebt wie ein Mann.

Endlos könnte man an dieser Stelle Schuldzuschreibungen dieser und ähnlicher Art ausführen. Fakt bleibt: Sie geschehen und entheben damit die Männer jeglicher Verantwortung für ihr Handeln. Verwunderlich eigentlich, beharren sie doch so sehr auf Ratio, Logik, Macht und Kontrolle als männliche Domäne.

Aber auch im 21. Jahrhundert wird die Einstellung zur männlichen Sexualität davon getragen, dass die ansonsten hochgelobte Souveränität des Mannes bei Sexualreizen, die die Frau aussendet – natürlich bewusst und zielorientiert –, komplett aussetzt. Ist die Frau nicht verlockend, nennt man sie frustriert, frigide oder Emanze. Lächelt sie brav zu sexistischem Verhalten, will sie es wohl so. Lächelt sie nicht, muss sie sich über unhöfliches Männergebaren nicht wundern, ist sie doch so zickig und prüde. Wie soll man sich als Frau also verhalten? Wie ist es möglich, sich natürlich, seiner Persönlichkeit entsprechend zu verhalten und dann auch selbstverständlich respektvoll behandelt zu werden?

Es gibt natürlich auch jene, die aus dieser Doppelmoral Kapital schlagen und sie damit gleichzeitig
füttern wie zum Beispiel Verona Feldbusch, die dieses Klischee lückenlos bedient und es sich gut bezahlen lässt. Einige Frauen tun dies in kleinerem Um-
fang ebenso – mehr oder weniger erfolgreich.

Es gibt auch jene, die versuchen, gegen diese Doppelmoral entschieden zu kämpfen, wie z.B. Alice
Schwarzer, die sich dafür übel beschimpfen und dif-
famieren lassen muss. Und es gibt sicher auch jene,
die mit großer Ich-Stärke entschieden zu sich selbst
stehen und versuchen, sich gegen die misslichen
Einflüsse von außen abzugrenzen.

Die Mehrheit der Frauen aber wird wohl einfach
schweigen und versuchen, im Schutz des ihnen ent-
gegengebrachten Desinteresses »ihr Ding« zu machen.

Was auch immer Frauen in dieser Zwickmühle
von sich geben, könnte falsch sein. Besser sie geben
nichts mehr von sich? Besser sie vertuschen, ver-
heimlichen, beschönigen? Wenn ich etwas von mir
preisgebe und Gefahr laufe, dass es erst einmal zer-
pflückt, bezweifelt und verurteilt wird, dann bin ich
gut beraten, wenn ich es für mich bewahre, um mich
zu erhalten, oder nicht? Es kann zumindest der Risi-
kominimierung dienen.

Doch auch Heimlichkeit kann Probleme bereiten.
Ich glaube nicht, das jemand zum Lügen geboren ist,
aber permanenter Psychoterror ist mitunter gefährli-
cher für die seelische Gesundheit als die Gewissens-

bisse beim Lügen. Es ist erwiesen, dass belastende Gefühle wir z.B. Ärger, Aufregung, Angst usw. eine höhere Konzentration der Hormone ACTH und Cortison im Blut bewirken. Das sind brauchbare Ausschüttungen, die der Körper bei Gefahr benötigt, um mit erhöhter Aufmerksamkeit, geweiteten Pupillen und starkem Herzschlag kampf- oder fluchtbereit zu sein. Wenn aber weder körperlicher Kampf noch die Flucht als Reaktion geboten sind, ist es mit zunehmender Zeit ungesund, mit erweiterten Bronchien und erhöhtem Blutdruck herumzulaufen. Hier können mitunter Notlügen und Heimlichkeiten oder aber auch Verdrängung eine hilfreiche Entlastung sein.

Damit Sie besser verstehen, unter welcher Art von Belastung Frauen sowieso dauerhaft stehen, gestatten Sie mir einen Ausflug in die Geschichte.

Stellen Sie sich vor, Sie sind ein Wesen mit Seele, die bekanntlich verletzbar ist, und leben mit einer Geschichte, die seit Jahrtausenden besagt, dass Sie schlecht und schuldig sind. Was bewirkt das in Ihrer Vorstellung? Sich dieser andauernden, penetranten Spiegelung immer erfolgreich zu entziehen ist nahezu unmöglich. Identität entwickelt sich durch Spiegelung. Wird einem in früher Kindheit suggeriert, man sei lästig, faul, nervtötend und nicht liebenswert, so hat man mit dieser Beurteilung seiner Person ein Leben lang zu tun. Unbewusst geht man immer davon aus, dass einen auch andere durch diese Brille sehen und dieses Bild von einem haben. Das beeinflusst selbstverständlich das Verhalten meiner Umwelt gegenüber. Z.B. ist man von vornherein ungenießbar, weil einen ja eh niemand mag, oder man ist absolut bemüht oder angepasst, damit einen endlich mal jemand mag oder man misstraut jedem, der einen wirklich mag, weil es ja eigentlich gar nicht sein kann. Dies sind nur einige der möglichen Folgen einer solch negativen frühen Erfahrung.

Wird einem in weitaus höherem Maß durch Taten und Worte vermittelt, dass man liebenswert ist und jemands Gegenwart erfreulich ist, geht man sicher auch in der Zukunft selbstbewusster und selbstverständlicher in den Kontakt mit anderen, weil man von einer ganz anderen Grundannahme ausgeht.

Es ist aber nicht nur das persönliche Schicksal einzelner Menschen, wenn sie negativ vorgeprägt sind und eventuell dadurch einen schlechteren Start ins Leben haben als andere. Die Abwertung eines gesamten Geschlechts, nämlich der Frauen, ist Jahrtausende alt.

Catharine Lohmann fand heraus, dass 1800 v. Chr. der Herrscher Hammurapi in einen Dioritblock meißeln ließ, dass Frauen, die Ehebruch begehen, mit ihrem Liebhaber ertränkt werden sollen. Der babylonische Herrscher Marduk verschonte die Männer und bestrafte fortan ausschließlich die Frauen. Weiter geht es mit der charakterlosen Eva, die als Verführerin mit der Schlange selbst verwechselt und so als teuflisch und hinterlistig überliefert wird.

Beeindruckend ist auch die Aussage des Erzbischofs von Tours: »Die Frau, ein schwaches Ding, beständig nur im Verbrechen, hört niemals aus eigenem

Antrieb auf, zu schaden. Die Frau, gierige Flamme, heftigster Wahn, ärgste Feindin des Mannes, lernt und lehrt alles, was schaden kann. Die Frau ist ein ruchloses Forum, eine öffentliche Sache, geboren um zu betrügen...« Seltsamerweise lebte dieser Erzbischof mit mehreren ruchlosen Wesen, öffentlichen Sachen und ärgsten Feindinnen des Mannes in wilder Ehe.

In Catharina Lohmanns Ausführungen folgen viele weitere Beispiele aus Johann Fischarts »Ehezuchtbüchlein« über Könige, die ihre Ehefrauen zum Teufel jagten, wenn sie sich deren Willen (der auch darin bestehen konnte, dass sie sich für seine Freunde prostituieren sollten) nicht beugte. Sie finden viele weitere Beispiele bis hin zur Hexenverfolgung, während der Millionen von Frauen die widersinnigsten Gräueltaten und Fähigkeiten (vielen Dank) angedichtet wurden, die sie auf brutale Art und Weise das Leben kosteten.

Ich möchte mich in den mannigfachen Ausführungen, die man noch machen könnte um zu belegen, dass es die unseligsten und grausamsten Unterstellungen den Frauen gegenüber seit Jahrtausenden gibt, beschränken. Es wäre ein Seiten füllendes Programm und ich könnte Sie, liebe Leserin, lieber Leser, zu andauerndem entsetzten Kopfschütteln bewegen, weil es in der Summe oder der chronologischen Reihenfolge kaum zu ertragen ist und wie ein Horrorszenario wirkt.

Doch das ist nicht Hauptanliegen dieses Buches. Wichtig ist mir dieser Exkurs an dieser Stelle nur, um nachvollziehbar und verständlich zu machen, dass Frauen nicht erst heute mit hartnäckiger Abwertung zu kämpfen haben, sondern dass diese Unsitte schon eine lange, lange Tradition hat.

Wir alle bewegen uns in dieser Tradition von Frauenverachtung, die immer noch besteht, nur ihre Maske wandelt sich. Diese lange Geschichte hat ihren Einfluss auf das Verhältnis der Geschlechter zueinander und auf das Selbstwertgefühl der Frauen. Frauen wird seit Jahrtausenden weisgemacht, dass sie verachtenswert sind. Sollten sie sich oder ihre Potenziale zeigen, müssen sie sich im Klaren darüber sein, dass sie sich in Gefahr bringen und um ihre psychische und physische Gesundheit fürchten müssen. Folgerichtig halten sie vieles geheim oder verfolgen ihre Ziele strategisch (auch »weibliche Diplomatie genannt«).

Besonders Letzteres beweist ihren Gegnern wiederum ihre Lügenhaftigkeit und führt bei Frauen natürlich auch nicht zu einer selbstverständlichen Aufrichtigkeit. Aber mal ehrlich: Wenn ich z.B. ein Kind empört frage: »Warst *du* das?«, und es antwortet mit einem aufrichtigen: »Ja!«, und wenn es daraufhin verbale oder/und körperliche Schläge bezieht, ist es dann nicht logisch, dass es von der Wahrheit Abstand nimmt, muss es doch ansonsten um seine Unversehrtheit bangen?

Die Evolutionspsychologie beschäftigt sich damit, wie das Verhalten eines Menschen uns gegenüber, das seine Wurzeln in vielen Millionen Jahren Entwicklungsgeschichte hat, heute auf uns wirkt. Sie geht davon aus, dass sich gewisse Muster genetisch im Bauplan des Menschen verankern.

Ich möchte hier nicht die Beweisführung anstellen, gehe aber auch davon aus, dass z.B. die jahrtausende-alte Verachtung des Weiblichen und Erhöhung des Männlichen wie eine Grundierung auf unsere Verhaltensmechanismen und unsere jeweilige Selbsteinschätzung wirken. Die Verachtung und Verdinglichung der Frau, die in unterschiedlicher Art und Weise, aber ungebrochen stattfindet, hat definitiv einen unglaublich starken Einfluss auf das weibliche Selbstwert- und Lebensgefühl.

Sollten Sie das nächste Mal als »alte Hexe« geneckt oder beschimpft werden, bedanken Sie sich für das Kompliment, denn dies waren ja ursprünglich weise und wissenschaftlich versierte Frauen.

Und da die Welt es so will und Frauen sich im ganzen Lügen-Wirrwarr nach Anerkennung, Beachtung und Gesehenwerden sehnen, lügen sie auf Teufel komm raus:

- Sie täuschen Orgasmen vor.
- Sie sagen: »Du bist der Beste.«
- Sie vergrößern ihren Busen mit Wunder-BHs.
- Sie straffen den Bauch mit Miedern.
- Sie verlängern ihre Beine mit Plateausohlen und Absätzen.
- Sie kaschieren Falten.
- Sie lassen sich Fett absaugen und chirurgisch-kosmetische Eingriffe vornehmen. Usw.

Dies alles nährt die Vorstellung, dass Frauen keine »ehrliche« Liebe erwarten können und dass sie so, wie sie sind, nicht »richtig« sind. Sie glauben, sie müssen kaschieren, wie sie aussehen und wie sie sind, oder aufpumpen, was sie nicht haben oder nicht sind. Sie konstruieren ein Selbst, das nicht existiert.

Fällt dies auch noch auf eine persönliche Biographie, die sie lehrte, dass sie nur geliebt werden, wenn sie bestimmte Bedingungen oder Bedürfnisse von Papa und/oder Mama erfüllen, ist das Finden des Selbst bei all der Lügerei wie die Suche nach der berühmten Stecknadel im Heuhaufen der Indoktrinationen.

Ein Zitat von Marie von Ebner-Eschenbach soll dies abschließend verdeutlichen: »Man fordere nicht Wahrhaftigkeit von den Frauen, solange man sie in dem Glauben erzieht, ihr vornehmster Lebenszweck sei – zu gefallen.«

Die Verdrängung

Mit der hier in Auszügen vorgetragenen Frauenverachtung, der ganzen Indoktrination und Lügerei müssen wir umgehen und leben. Doch hat sie nicht nur dazu beigetragen, dass Frauen es vorziehen über ihre Gedanken, Gefühle und Bedürfnisse zu schweigen, es hat auch dazu beigetragen, sie zu verdrängen.

Sitzt man in einer Pattsituation, in der man keine Wahl hat oder definitiv ohnmächtig ist, dann kann die Verdrängung helfen. Ist etwas nicht auszuhalten oder psychisch unerträglich, hilft die Verdrängung. Sie ist demnach ein ungeheuer wichtiges Instrument, um lebensfähig zu bleiben.

Stellen Sie sich vor, Sie würden alle Neuigkeiten, die Sie täglich aus den Nachrichten der Medien erfahren, richtig in Ihr Bewusstsein aufnehmen. Bilder zerstückelter Leichen im Krieg, Bilder von Umwelt-, Flugzeug oder Zugkatastrophen, Informationen über drohende Gefahren bei Reisen, Sex und beim Haustüröffnen. Sie wären nicht mehr lebensfähig.

Allein die Flut der vermeintlich lebenswichtigen Informationen im Medienzeitalter ist kaum zu verarbeiten. Wir müssen filtern. Seelisch belastende Informationen müssen wir verdrängen, um alltagstauglich zu bleiben. Müssen wir das in großem Stil tun, entfernen wir uns natürlich auch immer mehr von unseren Instinkten, Trieben und Bedürfnissen. Sie werden sozusagen mit verdrängt, da es nicht möglich ist, die »schlechten« Gefühle grundsätzlich auszuschalten und die »guten« grundsätzlich zu bewahren. Selektives Verdrängen ist nicht möglich.

Wir müssen uns auch manchmal etwas »vormachen«, um überleben zu können. Bei der psychischen Verarbeitung traumatischer Erfahrungen ist dies Verhalten typisch und ein wichtiger Abwehrmechanismus. Jedoch kann es auch dazu führen, in einer ungesunden Situation zu verharren, statt sie zu verändern.

Der Traum: »Er schlägt mich, aber er meint es nicht so, er liebt mich doch!«, mag zwar die Schläge erträglicher gestalten, kultiviert aber eine unmenschliche Lebensbedingung, die eigentlich verändert werden muss.

Nach einem schweren Unfall, nach einem Schlaganfall oder der Diagnose einer lebensbedrohlichen Krankheit reagieren Menschen immer zuerst mit einer Abwehrreaktion und gehen davon aus, dass sie binnen kurzer Zeit wieder vollständig genesen werden. Erst nach und nach ist die Wahrheit psychisch zu verkraften.

Häufig erlebt man, dass Frauen nach Trennungen noch lange an dem Glauben festhalten möchten, dass er oder sie schon bald den großen Fehler erkennen wird und zu ihnen zurückkehrt. Nur so ist der Schock der Trennung vorerst zu ertragen. Die Desillusionierung kann auf diese Weise langsam stattfinden und die Realität nach und nach verarbeitet werden, vorausgesetzt, sie lassen irgendwann von ihrer Selbsttäuschung ab.

Selbstlügen beziehen sich auf das eigene innere Erleben und beeinflussen es. Es gibt Untersuchungen darüber, wie sich die Wahrheit über diagnostische Befunde auf körperliche Heilungsprozesse auswirkt und es gibt Ärzte, die davon abraten, den Patienten ihre Tagträume und Hoffnungen auf Möglichkeiten der Heilung zu nehmen, da sie sich positiv auf den Genesungsprozess auswirken. Wir kennen den Placebo-Effekt.

Auch Psychotherapeuten sind nicht mehr ausschließlich von der schonungslosen Aufdeckung verdrängter Lebensinhalte als Mittel der Therapie überzeugt. Lebenslügen können Balsam sein, wenn sie nicht zur Dauerlüge werden und einen misslichen Zustand etablieren. Hoch ist der Preis allerdings, wenn Frauen sich z.B. andauernd etwas über ihre Lebensrealität vormachen und sich damit von dringenden Bedürfnisbefriedigungen abschneiden, die ihnen wiederum zur Gesunderhaltung von Körper und Seele fehlen. Das ist wie eine Dauerkrücke zu betrachten, die sie am aufrechten Gang hindert.

Es ist also nicht zu begrüßen, sich mit allem abzufinden, wenn es zu Selbstentfremdung und -verleugnung führt. Catharina Lohmann meint dazu: »Die traditionelle Rolle der Frau bestand bekanntermaßen eine halbe Ewigkeit darin, ihre Bedürfnisse zu verleugnen. Was sie vor dem Irrenhaus rettete, war nur ihre Fähigkeit, sich vorzumachen, dass sie keine hatte.«

Und schon ist der Nährboden dafür gelegt, alles das als eigenes Bedürfnis zu betrachten, was andere als meines definieren. Etwa in der Art: »Ich will gefallen. Ich tu alles dafür. Playmate des Monats zu sein ist das höchste Ziel einer Frau.« Oder: »Ab unter 50 Kilo werde ich mich wohl fühlen. Wenn ich das erreicht habe, wird das ganze Leben problemlos sein.« Oder: »Ich bin eine Frau, also habe ich einen Kinderwunsch. Habe ich das Baby, werde ich es abgöttisch lieben, ohne Zweifel und Hadern.«

Wenn es als angeboren angesehen wird, dass die Frau an sich einen ganz natürlichen Mutterinstinkt hat, dass ihr ein Kinderwunsch in den Genen sitzt, den sie zu verwirklichen trachtet und ohne Zweifel ein Übermaß an Mutterglück empfindet, dass sie dieses Mutterglück auch nicht verlässt, wenn sie fast ihr ganzes Ego opfert für die Aufzucht dieses kleinen, alles fordernden Wesens, dann muss sich eine Frau, die nicht so empfindet, irgendwie »nicht richtig« fühlen.

Elisabeth Badinter schrieb ausführlich über die gesellschaftliche Konstruktion des Gefühls »Mutterliebe«. Es ist zu bezweifeln, dass es das innigste Bedürfnis oder besser das ureigenste Bedürfnis aller Frauen ist, nie älter zu werden, immer gegen die Pfunde anzukämpfen, sich dauernd in Diät und Sport zu üben, ihr schwer verdientes Geld für teure Antifaltencremes und kaschierende Kleidung auszugeben. Dies ist durchaus ein supererfolgreich indoktriniertes Bedürfnis, das uns Frauen an der Gängelleine hält und wirtschaftlich betrachtet viel Geld einbringt, aber ohne Zweifel ist es kein natürliches. Es ist künstlich erzeugt.

Die Psychoanalytikerin Clarissa Pinkola Estés hat in ihrem Buch *Die Wolfsfrau* in beeindruckender Weise das Abgeschnittensein der Frauen von ihren weiblichen Urinstinkten beschrieben. Sie greift auf eine enorme Praxiserfahrung zurück, die in der Tat so beeindruckend ist wie die Freuds.

Es ist noch lange nicht so weit, dass wir wie die Wölfinnen heulen, wenn uns physisches und psychisches Unrecht geschieht, weil wir dieses oft gar nicht als Unrecht erkennen, da es in größter Normalität und mit aller Gelassenheit alltäglich geschieht. Sogar das Gegenteil ist der Fall. Frauen suchen zuerst die Wurzel des Übels bei sich selbst. Schließlich sind sie doch immer irgendwie schuld.

Viele Frauen können in den Kreis der Klientinnen in meiner Praxis mit eingeschlossen werden, die sich fragen, was mit ihnen nicht stimmt, wenn sie es nicht schaffen Beziehung, Kind(er) und Arbeit ohne Hörsturz unter einen Hut zu bringen. Nein, sie halten es auch für einen gerechtfertigten Anspruch, dass sie das alles auch noch mit guter Laune, Glück ausstrahlend und ganz bezaubernd bewältigen. Doch das schafft kein Mensch auf Dauer.

Manager werden für diese Viel- und Gleichzeitigkeit von Leistungen hoch bezahlt und ihr Burn-out ist nach ein paar Jahren so etwas wie eine anerkannte Berufskrankheit. Jeden Tag von morgens bis abends werden wir mit den Bildern attraktiver, gestylter, erfolgreicher Frauen, die niemals altern und ermüden, die keine geschwollenen Füße in den Pumps bekommen und das Kunststück fertig bringen, von den nur 50 kg Lebendgewicht einen erheblichen Anteil ausgerechnet auf die Brüste zu verlagern, manipuliert. Es wird suggeriert, dass diese Frauen natürlich locker beruflich Karriere machen, ausgezeichnete Liebhaberinnen und womöglich zusätzlich auch noch Mütter sind. Das ist schlichtweg Betrug.

Frauen stehen unter dem Einfluss einer jahrtausendealten Geschichte der Verachtung und Diskriminierung. Sie wissen, dass dies nicht nur Geschichte ist, sondern dass das Gesicht der Verachtung und Ungleichbehandlung sich nur permanent wandelt. Ich weise auf Frauenhandel, Vergewaltigungen, alltäglichen Sexismus hin, der nur die Spitze des gegenwärtigen Eisbergs ist. Frauen sind unter dem Einfluss dieser Geschichte und der aktuellen Bevormundung von ihren Gefühlen und Bedürfnissen dramatisch abgeschnitten. Sie müssen unter der Bevormundung ihrer sexuellen Bedürfnisse und der Pervertierung ihrer Sexualität auf die Suche nach ihrer wahren sexuellen Identität gehen und unter Umständen gegen die geltende Norm und Erziehung ihre Sexualität leben. Dies müssen sie häufig heimlich tun, da sie ansonsten mit Sanktionen zu rechnen hatten und immer noch haben. Sie hängen ihre sexuellen Erfahrungen nicht als Heldinnentaten an die große Glocke.

Die Frage, Frauen ob heimlich oder offen »fremdgehen« sollten, ist also sehr schwer mit dem einen oder anderen Vorschlag zu beantworten. Der Umgang mit dem Fremdgehen ist ebenso wie das Fremdgehen selbst von vielschichtigen inneren und äußeren Faktoren abhängig. Es kann für die persönliche Verarbeitung von großer Wichtigkeit sein, dies sorgfältig zu prüfen.

Die Frau und ihre Lust

Der Einfluss der »öffentlichen Meinung« ist mächtig. Das bezieht sich auf Stereotype, die von der Wissenschaft abgesegnet sind oder Klischees, die die Medien unermüdlich verbreiten. Bewältigungsstrategien wie Selbsttäuschung und Notlügen sind unumgänglich, wenn man sich nicht ganz opfern möchte. Damit die Frau sich ihrem wahren Selbst, einer authentischen Lebensweise, zuwenden kann, muss sie sich gegen viele Einflüsse und Gefahren von außen abschirmen oder sie als solche erkennen und ablehnen.

Es geht hier um Manipulation, um die so genannten Gesetze und Meinungen, die als Wahrheiten verkauft werden. Gemeint sind die Bilder und Normen, die unser Auge und unseren Verstand in eine bestimmte Richtung trainieren, die uns glauben machen: So muss es, so muss ich sein. Das heißt, dass Frauen auch in Sachen Sexualität mit Nachdruck Schablonen übergestülpt bekommen, dass die individuelle Art zu lieben und zu begehren darunter nur zu Bruch gehen kann.

Der Philosoph Johann Gottlieb Fichte schrieb 1796: »Im unverdorbenen Weibe äußert sich kein Geschlechtstrieb und wohnt kein Geschlechtstrieb, sondern nur Liebe.« Herr Fichte ist zwar längst verstorben, seine Ansichten aber werden heute noch vertreten. Man muss dabei nicht einmal auf Kirchenväter oder Freudianer zurückgreifen. Denken

Sie nur an die Inhalte der hier wiedergegebenen Interviews, die immer noch und immer wieder belegen, dass Frauen in Mutter und Hure, in Maria und Eva aufgeteilt werden. Danach gibt es die liebende Frau (und Mutter) und das verdorbene Weib, die Hure. Es ist offensichtlich das Schicksal vieler Frauen, dass sie, wenn sie sich an einen Mann gebunden haben, von diesem nicht mehr gleichzeitig auch als sexuelles Wesen betrachtet werden. Sind sie außerdem auch noch Mutter seines Kindes, verstärkt sich die Asexualität häufig.

Evelyn und Kerstin berichteten ausführlich über den Untergang der partnerschaftlichen Sexualität. Bei beiden ging die Lustlosigkeit oder Verweigerung von den Männern aus und nicht, wie so oft unterstellt wird, von den gerade von Säuglingen entbundenen Frauen. Senta ist zwar nicht Mutter geworden, litt aber bei aller Liebe für ihren Ehemann unter dessen Desinteresse an Sexualität, welches nach der Heirat deutlich zunahm. Zwei dieser Frauen gingen aus diesem Grund fremd, die eine trennte sich deswegen von ihrem Partner.

Die von vielen unterstützte Feststellung, dass der sexuelle Reiz in langen Beziehungen sich unweigerlich verflüchtigt und, wenn es gut läuft, eventuell von einer Art Vertrautheit abgelöst wird, nehme ich nicht hin. Ich glaube nicht an diese Zwangsläufigkeit, auch wenn sie sich mit den Erfahrungen vieler Paare deckt. Ich kenne Paare, die lange Jahre zusammenleben oder -lebten (mir bekannt bis zu zwanzig Jahren) und eine erfüllende, vitale, lustvolle und häufig stattfindende Sexualität genossen. Vielleicht würde es sich lohnen, unter diesen Menschen auf die Suche nach den Gründen zu gehen. In jedem Fall aber strafen sie diese Regel Lügen!

Dieser Reduzierung auf das Platonische durch den Lebenspartner steht die Reduzierung von Frauen zum Sexualobjekt auf der anderen Seite gegenüber.

Laut der Studie von Hydra, dem Verein der Prostituierten, gibt es 1,2 Millionen Freier pro Tag. Wenn man noch mal an ihr mathematisches Verständnis appellieren darf, kann es sich hier unmöglich um ausschließlich ungebundene Männer handeln. Jene, die sich an pornografischen Darstellungen, Peepshows und Telefonsex usw. gütlich tun, sind in dieser Zahl nicht enthalten!

Erinnern Sie sich an Annes »Feldforschung«, dass ihr Po gut verpackt auf den eigenen Mann keine, auf andere aber sehr wohl aufreizende Wirkung zeigt, während sich der eigene den so genannten Reizen anderer Frauen zuwendet? Möglicherweise wollen Frauen nicht als Sexualobjekt herumlaufen, bis sie in einer Beziehung wie von Zauberhand dieser Rolle beraubt werden und Mütterchen oder Schwesterchen spielen und zwar für ihren eigenen Partner. Möglicherweise wollen Frauen nicht mehr dieser Gesellschaftslüge mit zugefügter Selbsttäuschung Futter bieten, sondern zu ihren ureigensten Bedürfnissen zurückkehren und Frau und eventuell auch Mutter sein.

Bei Männern ist das etwas anderes

»Der Junge braucht das!« wird behauptet, wenn ein kleiner Junge wild und risikofreudig tobt und grölt, sich sportlich ausagiert und körperlich zur Wehr setzt oder durchsetzt. »Der Junge braucht das!« wenn er sich als Heranwachsender mal die, mal jene Frau »zu Gemüte« führt. Schließlich müssen sich die Männer ihre »Hörner« abstoßen, die ihnen möglichst später keine mehr wieder aufsetzt. Und »Der Junge braucht das!« immer noch, wenn er sich als erwachsener Mann hin und wieder einmal eine Affäre oder einen Bordellbesuch gönnt.

Mädchen hingegen sollten eher sanft sein, etwas zurückhaltender, ihre Impulse besser kontrollieren, ihre Zuneigung einem Märchenprinzen schenken, auf die jüngeren Geschwister eingehen und ihre eigenen Bedürfnisse derweil zurückstecken. Außerdem müssen sie sowieso mit den ersten Sexualkontakten (später natürlich auch) sehr vorsichtig sein, weil sie schwanger werden könnten.

Die Gefahr von HIV-Infektionen, die auch Männer betrifft, ist noch nicht so alt. Die hohe Zahl der Freier, die Sex noch immer ohne Kondom kaufen möchten, zeigt, dass es ihnen noch nicht besonders ins Bewusstsein gedrungen ist.

Mädchen werden eher in dem Sinn erzogen, dass man sich nicht leichtfertig für Sex hergibt, geschweige denn, dass man sich »dafür« jemanden herholt.

Von der Akzeptanz, dass es ihr ein Bedürfnis sein könnte, kann eine Frau nicht unbedingt ausgehen. Ihr droht eher der Ruf der Hure oder der leicht zu habenden Frau, die jeden nimmt. Es gibt eben die verdorbenen und die anständigen Mädchen. Auch heute noch, wo klar ist, dass »liebe Mädchen in den Himmel und böse überall hinkommen«, ist es kein Zeichen von ausgesprochener Weiblichkeit, wenn Frauen sehr viele Sexualkontakte gleichzeitig oder mehr oder weniger kurz hintereinander haben.

Auch auf ganz anderen Gebieten sind Frauen es gewohnt, dass das, was sie tun, ganz anders bewertet wird, als wenn Männer es tun. Können wir etwas sogar besser, wird dies verschwiegen, verdreht oder verleugnet. Frauen wird z.B. vorgemacht, dass sie nicht so rational begabt seien wie Männer und sich deshalb in die Tasche lügen, wenn sie z.B. Führungspositionen bekleiden wollen. Dabei ist längst erwiesen, dass durch die Bank in den Schulen die Mädchen ihren Mitschülern gegenüber bei Intelligenztests besser abschneiden.

Es ist klar, dass Frauen, die Mütter und Berufstätige sind, alle Fähigkeiten gut ausgebildeter Manager besitzen, wie z.B. Organisationstalent, Flexibilität, Vielseitigkeit, Zeitmanagement, Selbstmanagement, hohe Belastbarkeit usw. Dennoch werden wir von klein auf gedrillt, unser Licht unter den Scheffel zu stellen. Die Arbeit der Frau und des Mannes wird in vielen Berufen bei gleicher Leistung, zum Nachteil der Frau, unterschiedlich entlohnt.

Wir selbst würdigen unser Können und unsere Arbeit ebenso wenig wie eventuell unsere Partner und in jedem Fall die Gesellschaft. Wenn also eine Frau das Gleiche tut wie ein Mann, ist das noch lang nicht das Gleiche. Das ist zwar unlogisch, wird aber hartnäckig vertreten! Im Fall des Fremdgehens ist das genauso.

Kennen Sie die vollkommen betroffenen Männer, die ihre Partnerinnen selbst schon betrogen haben und trotzdem bei einer Retourkutsche mit absoluter Gewissheit und grenzenloser Empörung: »Aber das ist doch was ganz anderes!«, ausrufen? Ja und Nein.

Zunächst zum Ja: In Anbetracht der Tatsache, dass gesellschaftliche Stereotype nicht zulassen, dass es für Frauen (ganz im Gegensatz zu Männern!) ein natürliches Bedürfnis ist, mehrere Geschlechtspartner zu haben, haben sie in der Tat ein anderes Image als Seitenspringerinnen, als Männer es haben. Sie müssen die eigene Prägung und gesellschaftliche Verurteilung zusätzlich überwinden, wenn sie untreu sein wollen. Das unterscheidet ihr Fremdgehen allerdings sehr von dem der Männer.

Sie finden auch nicht derart weit verbreitete und tolerierte Einrichtungen für diese Bedürfnisbefriedigung. Es gibt weitaus weniger Bordelle für Frauen, pornografische Darstellungen von Männern oder Internetseiten dieser Art. Wie immer man diese Sexualisierung bewerten mag, sie zeigt in ihrer Einseitigkeit, dass der Wunsch danach ausschließlich Männern zugebilligt wird und damit ihn von ihr unterscheidet.

In schöner Regelmäßigkeit wird in der Literatur die betrügerische Frau für ihr unzüchtiges Verhalten bestraft. Sofern sie nicht vom Betrogenen liquidiert wird, übernimmt sie dies aus Schuld und Scham selbst. Man denke nur an Madame Bovary oder aber an die vielen Beziehungsdelikte, von denen die Presse berichtet. Weitaus mehr »gehörnte« Männer rächen sich mit Mord an ihren Partnerinnen als betrogene Ehefrauen an ihren Männern. Häufig genug werden der Nebenbuhler und die Kinder gleich in diesen Racheakt mit eingeschlossen.

Frauen hingegen haben den Ehebruch des Mannes zu ertragen und nehmen meist die Rolle des leidenden Opfers ein.

Bei Rousseau finden wir eine Aussage, die diesem Anspruch entspricht: »Die Frau ist dazu geschaffen, dem Manne sich zu fügen und sogar seine Ungerechtigkeiten zu ertragen, ohne sich zu beklagen.«

Unter all diesen Gesichtspunkten muss natürlich der weibliche Seitensprung als etwas ganz anderes empfunden werden als der männliche. Da die Verbindung Leidenschaft und Bestrafung seit ewigen Zeiten für Frauen besteht, ist es sicher anders für Frauen fremdzugehen, als für Männer. Für Männer korreliert nicht Leidenschaft mit Bestrafung, sondern mit Mannesstärke. Je mehr Frauen auf sein Werben eingehen, desto höher wird seine Potenz und Männlichkeit eingeschätzt. »Du hast Glück bei den Frau'n, Bel Ami«, oder »Ob blond, ob braun, ich liebe alle Frau'n«.

Ganz nebenbei ist es auch gar nicht verwerflich, wenn dieses Lied von einem alternden Herrn vorgetragen wird. Auch das unterscheidet sie. Frauen wird ab einem bestimmten Alter keine Lust mehr zugedacht, geschweige denn Seitensprünge. Doch in den krisenbehafteten Lebensphasen der Männer gehören das Buhlen um Frauen und die Selbstwertsteigerung durch Sexualpartnerinnen zusammen. Die so genannte Midlife-Crisis geht häufig mit einem Partnerinnenwechsel hin zu einer jüngeren Frau Hand in Hand. Nicht selten brüsten sich alte Männer mit möglichst jungen Frauen. In der Highsociety ist dies ein ganz übliches Bild.

Was immer sie dazu bewegt, es ist ein weit verbreitetes und fast normal gewordenes Phänomen. Ein berühmter alternder Mann mit gleichaltriger Frau und möglicherweise auch noch langjähriger Partnerschaft ist mittlerweile exotisch (oder Pantoffelheld?). Eine alternde Frau, die ihren Partner gegen einen erwähnenswert jüngeren Gefährten austauscht, ist nicht nur ein selteneres Bild, sondern auch bei weitem nicht gleichermaßen toleriert. Wirklich skandalös, ob sie auch Spaß hat?

Hört man Argumente zur männlichen Ehrenrettung (oder warum auch immer sie angeführt werden), die besagen, dass das »Männchen« seinen Samen an das fruchtbare Weibchen zur Arterhaltung weitergeben muss, fallen einem immer wieder unweigerlich solch sonderbare Gegenargumente ein wie: »Warum sollte eine fruchtbare Frau einem alten

Erbgut den Vortritt vor dem jungen Samen geben, wenn auch sie auf gesunde Arterhaltung geeicht ist? Was ihr an anderer Stelle ja durchaus zugute gehalten wird.« »Warum sollte sie nicht gleich mit mehreren Männern verkehren, um die Chance der Befruchtung für den kurzen flüchtigen und kostbaren Moment in ihrem Zyklus zu erhöhen?« Wenn wir schon mit evolutionsbedingten Beweggründen argumentieren, dann sollten wir das für Männlein und Weiblein gleichermaßen tun. Also auch hier die Bitte um Gleichbehandlung.

Frauen leiden auch unter dem Älterwerden. Allerdings sieht das persönliche Krisenmanagement der Frauen sehr anders aus als das der Männer. Allein die Phase des Alterns ist für Frauen ein öffentlich ganz anders diskutiertes Thema. Die ewig jugendlichen Modelle in den Zeitschriften, die älteren, berühmten Schauspielerinnen, die ihre Anti-Aging-Tipps verkaufen, machen es zu einer Selbstverständlichkeit, dass Frau besser nicht alt werden sollte.

Jugendliche Modelle von etwa 16 Jahren werden auf etwa 25 hochgeschminkt. Ältere Damen fühlen sich genötigt, sich auf jugendlich zu schminken. Wo sollen denn die anderen alle bleiben, die sich nicht in der Altersspanne zwischen 20 und 35 Jahren befinden? Sie kommen nicht vor.

Hingegen werden Männer, wenn sie älter werden, mehr mit Erfahrung, Reife und Attraktivität assoziiert.

Eigentlich hätten Frauen jeden Grund, sich mit einem jungen Liebhaber den Anstrich ewiger Jugendlichkeit zu geben. Sie sind es aber eher gewohnt, ihre Krisen mit sich selbst oder in Solidarität mit Freundinnen zu bewältigen. Das war ja schon damals so, als sie sich über die Babyzeiten und ihre Foltermethode – andauernder Schlafentzug und reduzierte eigene Bedürfnisbefriedigung – hinweghalfen. Es wäre also wirklich mal etwas ganz anderes, wenn Frauen in Massen ihre alternden Partner gegen junge Liebhaber austauschten.

Sicher gibt es auch das hin und wieder. Sicher gibt es auch Frauen, die sich einen Callboy mieten. Diese Unterfangen stehen allerdings immer noch nicht in relevanter Relation zu denen der Männer und werden anders beurteilt. Insofern liegt die Idee der Betrogenen, dass es etwas ganz anderes ist, wenn ihre Partnerinnen sie betrügen als wenn Sie selbst fremdgehen, sehr nahe.

Genährt wird dieser Eindruck aber vor allem von der Vermutung, dass eine Frau immer auch mit dem Herzen liebt. Wobei hier unter Lieben der Sexualverkehr verstanden wird. Pure Lust am Sex bei Frauen ist nach wie vor nicht gesellschaftsfähig. Beschönigend wird sie höchstens der Hure unterstellt, die aber bekanntermaßen nicht Lust, sondern Geschäft in den Vordergrund des Kontakts stellt.

Eine hohe Libido billigen sich Männer zu, Frauen wird gern eine hohe Liebesfähigkeit unterstellt. Natürlich ist es dann etwas anderes, wenn man von diesen Anmutungen beseelt ist und betrogen wird.

Doch nun zum Nein: Wenn wir uns an unsere hier zu Wort gekommenen ganz normalen Frauen erin-

130

nern, so hegen sie durchaus ganz andere Gefühle für den Liebhaber oder One-night-stand als für die große Liebe ihres Lebens.

Pure Lust, der Wunsch, begehrt zu werden, sich selbst zu bestätigen, Rache oder einfach die günstige Gelegenheit waren unter anderem die genannten Gründe. Sie haben in den Ausschmückungen der Betreffenden sehr wenig mit der romantischen, allumfassenden Liebe zu tun, die Frauen gern bei jedem Sexualkontakt unterstellt wird. Das heißt, objektiv betrachtet unterscheidet es sich nicht sehr. Da es Männern aber sehr schwer fällt, sich das vorzustellen, fühlen sie sich betrogen. Sie empfinden es aber ganz anders, wenn sie selbst einen Seitensprung wagen, obwohl sie gebunden sind. Das Eigenleben seines Sexualorgans entschuldigt seine Untreue.

Nach Pittmann gibt es folgende Selbsttäuschungen: »Wenn ›es‹ auf Geschäftsreisen passiert, zählt es nicht, wenn ›es‹ in der Mittagspause abgeht, zählt es nicht, wenn zwischen dem Ehe- und dem anderen Bett fünf Stunden Fahrzeit liegen, zählt es nicht, wenn die Frau nicht ganz konkret nachfragt, braucht Mann ›es‹ nicht zu sagen, wenn Mann ›es‹ nur zweimal im Monat macht, zählt es nicht, wenn Mann ›es‹ nur in der und der Stellung macht, zählt es nicht.«

Tut die Frau »es«, dann zählt es und ist somit Betrug. Es gibt in der Tat Männer, die sich während ihrer langjährigen Beziehung immer mal wieder verliebt haben und mit diesen Frauen auch mehr oder weniger intensiv intim waren. Als sie dann ihrerseits betrogen wurden, reagierten sie mit bösen Schuldzu-schreibungen und Beziehungsabbruch.

Offensichtlich wird hier das eigene Handeln unter ganz anderen Kriterien betrachtet als das der anderen.

Die gesellschaftlichen Normen bieten ihm eine Unmenge Kriterien, die ihm dabei zu Hilfe kommen. Das Spalten von Gefühlen wird den Männern angedichtet und das direkte Befriedigen ihrer Bedürfnisse durch Personen, sprich Frauen, darüber erklärt. Wie sprach Demosthenes: »Die Hetären haben wir zu unserem Vergnügen, die Nebenfrauen zur täglichen persönlichen Bedienung und die Ehefrauen, damit sie uns Kinder gebären und unser Haus treulich verwalten.«

Aus neueren Zeiten lässt sich berichten, dass sich der Song »Mambo No. 5« unglaublich lang in den Charts hielt und die Fantasie eines Mannes besang, wie er sich »ein bisschen von Monika in sein Leben, ein bisschen von Jessica und ein bisschen von Sandra die ganze Nacht« wünscht. Er bastelt sich etwas von dieser und etwas von jener zusammen. In vollem Mitgefühl grölte wochenlang die Masse auf jedem Fest mit.

Wie die Interviews zeigen, reicht auch den Frauen häufig genug ein Mann allein nicht. Sie vermissen etwas in ihrer Paarbeziehung und ergänzen es durch Außenbeziehungen und das häufig genug, ohne sich im Liebeswahn fast aufzulösen oder sich wegen Gewissensbissen von der Brücke zu stürzen.

Um wieder mit Demosthenes zu sprechen, können auch Frauen einen Mann für die Ernährung ihrer Kinder, einen für die Lust und vielleicht noch einen für das Gespräch gebrauchen. Welche Rolle nun welcher einnimmt, bleibt, wie in der Ausführung über den Lover und den Freund zu lesen ist, offen.

Two in One

Diese Aufteilung bestimmter Funktionen auf mehrere Männer ist laut Interviews bei den meisten Frauen nicht der angestrebte Idealzustand. Ihr »Mambo No. 5« würde eher lauten, dass sie sich ein bisschen von Reiner, etwas von Carsten und einen Anteil von Gerd in einer männlichen Person vereint wünschten. Im Unterschied dazu möchte der Sänger dieses Liedes eher das eine und das andere von ebendiesen verschiedenen Frauen in seinem Leben. Er scheint also durchaus bereit zu akzeptieren, dass er nicht alles von einer bekommt, sondern, wenn er alles will, sich von allen etwas zu holen hat, um all seine Bedürfnisse zu befriedigen.

Sicher ist sein Wunsch leichter zu erfüllen als der ihre. Eine Frau äußerte sich einmal so: »Frauen betrachten Männer als Projekte. Männer betrachten Frauen als Objekte.« Lässt man sich diese Weisheit auf der Zunge zergehen, muss man wahrscheinlich zugeben, dass das mit eigenen Beobachtungen verblüffend übereinstimmt. Demosthenes konnte nicht besser und kürzer zusammenfassen, wie Männer (Ausnahmen natürlich immer vorausgesetzt) die Frauen als Objekte ihrer Bedürfnisbefriedigung auf verschiedenen Ebenen sehen und nutzen.

Die eine ist herzlich genug, Mutter seiner Kinder zu werden und die andere sexy genug für die Lust. Braucht er das eine, schaut er sich unter diesen Gesichtspunkten um. Erfüllt eine Frau die Kriterien nicht, wandert er weiter. Frauen hingegen haben die Tendenz, den vor ihnen Stehenden so hinbiegen zu wollen, dass er akzeptabel ist auf allen Ebenen. Es muss doch funktionieren, dass er nicht nur zuverlässig und treu, sondern auch noch aufregend und unbeschwert ist. Er muss doch Qualitäten als Vater, als Freund, als Liebhaber aufweisen können, wenn er mir nur zuhört, wenn er Therapie macht, wenn er mit mir zur Paarberatung geht!

In den Beratungszimmern klagen Männer darüber, dass sie nicht verstehen, was ihre Freundinnen oder Ehefrauen denn jetzt schon wieder von ihnen wollen. Immer wollen sie reden, dauernd fällt ihnen etwas neues Reparaturbedürftiges an ihnen auf. Sie fühlen sich tatsächlich behandelt wie die reinsten Erziehungsprojekte. Und irgendwann, eines guten Tages verschließen sie sich völlig. Das spornt die Frau natürlich noch mehr an, sich ins Zeug zu legen und mit allen ihr zur Verfügung stehenden Mitteln Veränderung herbeizuführen. Ein hartes Stück Arbeit.

Cheryl Benard und Edith Schlaffer raten ihren Leserinnen in ihrem Buch »Viel erlebt und nichts begriffen«, die These zu verwerfen, dass Veränderung durch Reflektieren und Sprechen in Gang gesetzt wird. Sie hoffen, dass Frauen dadurch viel mehr Energie zur Verfügung haben, wenn sie sie nicht weiter in den Umerziehungs- und Läuterungsprozess ihres Partners stecken.

Sollten sie anfangen die Beziehung an sich objektiver zu sehen, könnte sie tatsächlich als Instanz betrachtet werden, die das Leben verschönert und erleichtert. Dafür müssten sie etwas nüchterner und egoistischer werden. Sie müssten herausfinden, wie die Beziehung wirklich ist. Wenn Sie sich an zurückliegende Kapitel erinnern, hieße das implizit auch, dass sie auch ihre eigenen Bedürfnisse kennen und sich im Recht sehen müssen, ihnen gemäß zu handeln und auszuwählen. Sie müssten aufhören, Situationen und Menschen »schön zu lieben« oder auf der anderen Seite ihre Wünsche automatisch hintanzustellen oder zu verdrängen. Sie müssten aufhören zu träumen, wie die Partnerschaft sein könnte, wenn er nur … oder noch schlimmer, wie sie sein könnte, wenn sie nur fähig genug wäre, ihn dazu zu bewegen, dass er … Dann erst kann die für die Person wichtige Konsequenz gezogen werden, die Beziehung so zu nehmen, wie sie ist oder sie abzubrechen. Dann erst wird nicht mehr alle Energie in Erziehungsbemühungen verpuffen.

Erinnern wir uns wieder an die hier interviewten Frauen. Kerstin hat qualvolle Monate in ihrer Bezie-

135

hung darum gekämpft, als Frau und nicht in erster Linie als Mutter behandelt zu werden. Vergeblich! Evelyn hat geheult, getobt, neue schwarze Unterwäsche besorgt und stundenlange Gespräche geführt (oder Monologe gehalten?), um nach der Geburt ihrer Tochter wieder ihrer Lust freien Lauf lassen zu können. Vergeblich! Senta hat es nach sechs Jahren endgültig aufgegeben über Sexualität mit ihrem Mann auch nur zu reden. Hiltrud wollte ihren Liebsten zu gern zur Treue bewegen. Er hat sich einfach nicht umstimmen lassen. Annes Bemerkung, dass sie nackt über den Küchentisch hätte tanzen können, ohne dass sich etwas bei ihrem Mann geregt hätte, lässt vermuten, dass sie das Gefühl hatte, alles Mögliche schon getan zu haben, ohne dass sich sehr wesentlich etwas geändert hätte.

Stellen wir uns jetzt aber einmal diese Frau ganz bildlich vor, die aufhört das Gespräch zu fordern und die das Gängeln lässt. Sie prüft die Sachlage, befindet dies für gut, jenes für akzeptabel und vielleicht auch noch etwas für defizitär. Ist das noch die sensible, die leidende, um Offenheit und Nähe ringende und sich in Selbstkritik zerfleischende Frau, die wir kennen?

Die Angst davor, als gefühllos und oberflächlich oder gar gleichgültig bezeichnet zu werden, ist bei vielen Frauen extrem groß. Bleibt also als Weg aus der Unzufriedenheit nur die Emotionsarbeit, eine dritte Möglichkeit neben Umerziehen und Leiden?

Einige wählten den Weg des Fremdgehens. Sie gaben das vergebliche Mühen auf und verzichteten nicht weiter darauf, ihre Wünsche zu erfüllen, von denen sie sich nicht verabschieden wollten oder konnten. Sie hatten, so Evelyn, »keine Lust mehr zu verzichten, zu warten, zu nörgeln und mich selbst zu kritisieren«. Vanda: »Ich wollte mich nicht immer zurückhalten müssen und mir überlegen müssen, wieso ich denn nun diesen Wunsch habe und ob der denn berechtigt ist oder nicht. Ich hatte es wirklich mächtig satt und dann bekam ich es bei dem anderen Mann total problemlos, einfach so. Es war für ihn gar keine Frage. Gott, war das eine Erleichterung zu merken, dass bei mir offensichtlich doch noch alles stimmt. Ich fing schon an, an mir zu zweifeln.«

Tatsächlich gibt es viele Frauen, die nur allzu bereit sind, ihre dringendsten Impulse und Wünsche und sogar ihr Wesen zu manipulieren, um endlich mit dem entsprechenden Mann kompatibel zu sein. Im speziellen ist da z.B. eine Frau, die ihre Sexualität unter allen nur möglichen Gesichtspunkten beleuchtete. Kindheitserfahrungen, aktuelle Bedürfnisse, alles war sie bereit zu hinterfragen, bis sie herausfand, dass sie vielleicht schlicht »im falschen Bett« lag. Und siehe da, als sie eine neue Beziehung einging, erlebte sie für sich die Sexualität plötzlich als beglückend und hatte noch immer die gleiche Kindheit hinter sich.

Ein anderer beliebter Weg zur Kompatibilität ist der Versuch, sich den Partner so hinzubiegen, dass er passt. Dann fühlt er sich allerdings auch häufig so verbogen, dass er kaum noch atmen kann, was meist kein erfreuliches Ende nimmt. Es soll hier kein Plädoyer für Kaltschnäuzigkeit abgegeben werden. Es soll auch nicht die Ex-und Hopp-Gesellschaft, die nur Fun im Kopf hat und jeglichen Tiefgang verweigert, befürwortet werden. Ich halte große Stücke auf ausdauerndes Bemühen um Werte und Liebe und sehe auch in einem Paar Veränderungspotenzial, wenn beide einen Zustand als nicht zufriedenstellend empfinden und sich engagieren wollen, ihn zu verbessern. Die Betonung liegt auf dem Wort beide.

Andernfalls kann es für mindestens eine/n zur entkräftenden Sisyphusarbeit werden. Sie führt nicht zum Erfolg und hat häufig destruktive Selbstkritik zur Folge. Insofern ist es richtiger, wenn die »das Selbst zerstörenden« Bindungen gelöst werden, als sich über Jahre vergeblich zu verausgaben und sich für Wandlung zu engagieren, bis einem der Atem ausgeht. Grundsätzlich ist wichtig zu realisieren, dass kein Mensch auf dieser Welt in der Lage oder dazu da ist, all unsere Bedürfnisse zu befriedigen. Nichts und niemand ist perfekt.

Leider liebt unsere Gesellschaft die Idee des Perfektionismus, der Vollkommenheit und Allmacht. Darum wünschen wir uns das für unsere Beziehungen auch. Doch das ist zum Scheitern verurteilt. Unter dem Gewicht zu hoher Glückserwartungen knirscht so manch eine Beziehung. Ob man mit den Defiziten leben kann oder sie andernorts ausgleicht, ist eine persönliche Entscheidung. Das Ausgleichen durch das (Be-)Nutzen anderer Menschen/Frauen wird eher den Männern zugeschrieben und vielleicht können wir da auch etwas von ihnen lernen?

Wobei mit dem verpönten Wort ›Nutzen‹ nicht der Missbrauch gemeint ist, der noch eine ganz andere Dimension hätte!

Sicher lernen auch die Männer von uns: Eine der interviewten Frauen erzählte, dass sie während einer Fährfahrt zwischen Italien und Griechenland eine kurze sexuelle Begegnung mit einem Passagier hatte. In Griechenland angekommen, wollte sie ganz selbstverständlich ihre Reise weiter wie geplant mit ihrer Freundin fortsetzen. Daraufhin beklagte er sich, dass er sich nun aber sexuell missbraucht fühle. Sie war komplett vor den Kopf gestoßen, weil sie mit solch einer Reaktion nicht gerechnet hatte. Dies sind nach den gängigen Klischees im wahrsten Sinn des Wortes verkehrte Verhältnisse.

Vielleicht kann etwas weniger vergebliche Liebesmüh den Frauen tatsächlich das Zusammenleben mit den Männern erleichtern. Aus den Interviews ging noch etwas ganz anderes hervor: Der vielfach geäußerte Wunsch war ein anderer, als das Lieben und die Sexualität unter verschiedenen Männern und/oder Frauen aufzuteilen. Der Wunsch lautet: Two in one, bitte.

Mehr als eine der hier befragten Frauen konstatierte, dass sie die ganze Fremdgeherei ohne mit der Wimper zu zucken aufgeben würde, wenn sie den Partner und den Lover in einer Person haben könnte. Wenn er seine Gelüste nicht spalten und die Frauen nicht in Evas und Marias aufteilen würde. Wir können auch sagen, sie wünschen sich den Ehemann, den Vater ihrer Kinder und den lustvollen Liebhaber in einer Person und wollen selbst auch Ehefrau, eventuell Mutter der Kinder und Geliebte in einer Person sein. Schließlich ist dieser Wunsch die Quelle ihrer unermüdlichen Anstrengungen in der Beziehungsarbeit. Erst wenn sie feststellten, dass es nicht zu ändern war, gingen sie zu anderen Personen über.

Anne z.B., die nach der Trennung von ihrem Ehemann mit Hilfe eines ausgedehnten Seitensprungs, einer achtjährigen Partnerschaft und einer 17-jährigen rein sexuellen Beziehung neben all diesen festen Beziehungen plötzlich allen Männern für eine Weile abschwor, wünschte sich im Grunde ihres Herzens eine Partnerschaft, in der sie einen freundschaftlichen und einen erotischen Anteil leben konnte. Da der Kinderwunsch bei ihr nie im Vordergrund stand, war die Funktion des Vaters und / oder Ernährers für ihr Empfinden nebensächlich. Mit über 50 Jahren hat sie nun einen Mann gefunden, der in sich diese Dinge vereint. Sie ist darüber ausgesprochen glücklich und käme nach eigener Aussage nicht auf die Idee, ihn mit einem weiteren Mann zu betrügen. Es fehle ihr an nichts. Die mentale und die sexuelle Ebene stimme einfach. In ihrem Alter hält sie sich für abgeklärt genug um zu sehen, dass ein Mensch nicht alles ein ganzes Leben lang abdecken kann, was ein anderer an Beziehungswünschen hat. Sie schätzt sich deshalb als Glückspilz ein, weil ihr dieses Geschenk nun schon seit Jahren gewährt ist.

Silke, die in ihrer Seitensprung-Biografie als häufigsten Grund die Bestätigung der eigenen Attraktivität angab, ist zum Zeitpunkt der Befragung seit drei Jahren mit einen Mann zusammen, den sie vor einem Jahr geheiratet hat und von dem sie behauptet: »Der ist es einfach!« Sie beschreibt zwischen ihnen einen wohltuenden Gleichklang. Bei aller Reiberei, die der Alltag so mit sich bringt, ergänzen sie sich in so vielen Punkten, dass sie das Fremdgehen schlicht vergessen hat. Sie gründet mit ihrem Mann jetzt eine Familie, teilt mit ihm die Vorstellungen über Lebensart und Freizeitgestaltung und ist über die Sexualität zwischen ihnen hocherfreut. »Ich empfände es als absolut aufgesetzt, wenn ich mir jetzt einen Lover zulegen würde. Ich vermisse nichts und brauch das jetzt nicht. Ich muss mir auch nicht eine Art Selbstbestätigung holen. Ich fühl mich pudelwohl in dieser Ehe und mein Mann macht mir immer wieder Komplimente und zeigt mir mit seiner Lust, dass ich eine begehrenswerte Frau bin. Wir sind uns in so vielen Punkten ähnlich, dass ich diese Verbindung niemals durch einen provozierten Seitensprung gefährden würde. Ich glaube nicht, dass ich es meinen innersten Wünschen gemäßer treffen könnte.«

Welch glückliche und beneidenswerte Frau, nicht wahr? Doch nur zwei von 37 befragten Frauen haben schließlich diese Allianz gefunden. Den Wunsch danach haben sie alle geäußert. Evelyn meint, dass sie andere Männer nicht bräuchte, wenn ihr Partner sie wieder als Frau und nicht nur als Mutter ihrer Kinder betrachten würde. Senta geht explizit nur noch rein sexuelle Abenteuer ein, weil sie sich zur asexuellen Beziehung mit ihrem Mann entschlossen hat und nicht mehr Sex und Liebe verwechselt. Übrigens ist dies eine von Männern häufig an Frauen geübte Kritik, dass sie dies verwechseln würden.

Vanda brach auf der Suche nach einer Beziehung, in der sie Mutter werden und sich trotzdem als begehrenswerte Frau fühlen konnte, zwei Partnerschaften ab und wurde in der dritten schließlich Mutter. Sie fand aber bis heute nach eigener Aussage entweder nur das eine oder nur das andere. Und schließlich erinnern wir uns als letztes Beispiel noch mal an Marion, die mit ihrem Ehemann zusammenblieb, obwohl sie den Mann ihrer Träume außerhalb der Ehe gefunden hatte. Sie wollte aber seine und ihre bestehenden familiären Strukturen nicht zerstören, um mit ihm einen neuen Anfang zu machen. Darum blieb er über Jahre ihre Nebenbeziehung nach einem ähnlichen Strickmuster wie Benoîte Groults »Salz auf meiner Haut«.

Die Wünsche und Träume stehen häufig den Realitäten diametral gegenüber. Sie scheinen nicht oft vereinbar zu sein wie in Marions Fall oder nicht zu verwirklichen, wie z.B. in Vandas Fall. Manche Menschen halten die Wünsche an eine Beziehung für übertrieben und nicht realisierbar, andere behaupten: »Wer ein Schnitzel will, sollte kein Kotelett essen!«

Wieder ist es scheinbar so, dass es kein Patentrezept gibt für ein richtiges oder falsches, ein dummes oder kluges Verhalten.

Kompromisse und Zugeständnisse machen zu können, ist sicher eine hohe Qualität, solange sie nicht bis zur Selbstverleugnung und Realitätsverfremdung führt. An einem bestimmten Punkt muss sich jede fragen, ob sie mit den gemachten oder zu machenden Zugeständnissen leben kann.

Wenn die Antwort »ja« lautet, dann ist noch immer zu entscheiden, wie sie damit leben will. Entscheidet sie sich für den Verzicht oder für die Kompensation, dann stellt sich die weitere Frage: Bedeutet Kompensation Fremdgehen oder vielleicht etwas ganz anderes? Schließlich ist es immer auch die Frage, womit man am besten leben kann. Wie die Frauen das Fremdgehen verarbeiten und mit sich und ihrem Selbstbild vereinbaren, wird Thema des nächsten Kapitels sein.

Integration – Wie Frauen das Fremdgehen verarbeiten

Was bedeutet er mir?

Wir sind alle keine unbeschriebenen Blätter. Die Rolle der frühen Prägung hatten wir an anderer Stelle schon unter dem Stichwort »Spiegelung« behandelt. Der Einfluss der Geschichte, die sich durch Verachtung und/oder Verleugnung von Frauen und weiblichen Taten auszeichnet, ist bekannt. Die gesellschaftliche Doppelmoral legt sich wie ein dunkles Tuch über die Seelen der Frauen.

Die Spaltung in Heilige und Hure geht an keiner Frau spurlos vorüber, auch wenn es ihr nicht alltäglich bewusst ist. Sexuelle Gewalt gegen Frauen, sexuelle Diskriminierung am Arbeitsplatz und Sexismus im Alltag sind allgegenwärtig. Die Kaufkraft der Männer wird durch Nacktheit von Frauen und Versexualisierung aller nur vorstellbaren Dinge erfolgreich angezapft.

Der Einfluss der Fun-Gesellschaft verschont auch die Frauen nicht. Die Idee, an sich herumbasteln zu müssen, um gesehen und geliebt zu werden, sitzt tief in jeder Frau. All dies beeinflusst unsere Persönlichkeit. Die eigenen Wertvorstellungen werden von unzähligen Variablen geprägt.

Eine Frau, die streng katholisch erzogen worden ist, für die Maria noch ein Frauenideal war, die engelsgleich versucht durch ihr Leben zu gehen, ohne der Sünde zu verfallen, die noch einen Begriff von Jungfräulichkeit und dem Frevel des vorehelichen Geschlechtsverkehrs hat, die der Ehe an sich einen großen Wert beimisst, eine solche Frau wird vom eigenen Seitensprung anders überrollt und überrascht sein als eine nicht konfessionell erzogene Frau.

Doch man muss nicht der katholischen Kirche angehören, um Treue als Wert an sich zu betrachten. Umfragen gemäß wünschen sich viele Menschen ganz unterschiedlichen Alters in erster Linie Treue von ihren Partnern. Für die meisten bricht eine Welt zusammen, wenn ihr Partner oder ihre Partnerin das bisherige Beziehungsgebäude durch einen Seitensprung ins Wanken bringt.

Die Beziehung ist gefährdet, das eigene Selbstwertgefühl, die Sicherheit durch die Position in Partnerschaft und/oder Familie, die Zukunftsperspektiven, alles gerät in Unordnung. Neben Wut, Enttäuschung, Kränkung und Trauer entsteht eine große Verunsicherung. Diese Verunsicherung empfinden nicht nur die Betrogenen, sondern auch die Betrügenden.

Eine Verbindung zwischen zwei Menschen ist ein filigranes Gebilde. Wie ein Spinnennetz verknüpfen sich aus unterschiedlichen Richtungen feine Fäden zu einem wichtigen und verletzlichen Konstrukt. Beide Beteiligten erleben durch eine Beziehung eine gewisse Position im Leben. Die Beziehung ist in jeden Bereich des Lebens in irgendeiner Form involviert. Sie gibt Struktur und wird sozusagen »ein Teil von mir«. Natürlich bin ich noch immer »ich«, auch wenn ich mit einem »du« zusammenlebe. Jedoch ist mein Ich auf das Du hin ausgerichtet und ich bin genauso abhängig von den Handlungen der oder des anderen wie er oder sie von meinen. Es verändert sich auch das Gefühl zu mir selbst, wenn ich eine andere Person in mein Herz, an mich heran, in mein Leben lasse.

Wenn ich zu einer Partnerschaft bereit bin, muss ich mich öffnen und weiten. Man bezieht sich und die Welt innerlich und meist auch äußerlich auf das Gegenüber. Diesen Schritt wagen einige Menschen aus Angst vor Verletzbarkeit oder Verlust an vermeintlicher Freiheit gar nicht oder nicht mehr. Eine Beziehung gestaltet sich über einen mehr oder weniger großen Zeitraum und festigt sich mit der Zeit. Sie wird zur strukturgebenden Instanz meines Lebens. Diese Struktur wird unter Umständen durch eine dritte Person mit Wucht zerstört.

Da ist plötzlich eine andere Person, die in das Geflecht der Menschen eindringt. Zumindest dringt sie zuerst in das emotionale Geflecht der fremdgehenden Person ein. Vielleicht können Sie es nachfühlen, wenn Sie Kinder haben, wie jeder neu hinzukommende Mensch das alte Gebilde verändert und sich im Lauf der Zeit alles erst wieder neu »zurechtruckeln« muss, bis jeder und jedem sein oder ihr Platz wieder sicher ist.

Es erging auch den befragten Frauen so, dass sie sich mehr oder weniger heftig aus der Bahn geworfen fühlten, in der sie sich seit einer bestimmten

146

Zeit befanden. Da der Seitensprung selten ein nüchternes Kalkül ist, ist der Betreffenden seine Bedeutung im ersten Moment häufig selbst nicht ganz klar. Der Wunsch: »Gib mir etwas Zeit!«, der nach einem Geständnis oft an den Partner gerichtet wird, bezieht sich darauf, dass das Gefühlschaos, das durch diesen Einschnitt entstanden ist, sich erst mit der Zeit ordnen lässt. Ist dies jetzt die große Liebe? Ist es reine sexuelle Lust, die mich treibt? Welche Rolle spielt dieser andere Mensch in meinem Leben?

Aber auch Fragen wie: Wer bin ich, dass ich so etwas tue? Ich halte doch so viel von Treue, von Loyalität und Ehrlichkeit, warum habe ich mich darauf eingelassen?

Als drittes wird man sich dann auch noch die Frage stellen müssen, welche Bedeutung das Ganze nun für die Zukunft der bestehenden Beziehung hat. Aber eins nach dem anderen.

Für Marion war die Begegnung mit ihrem späteren Liebhaber wie eine im Himmel geschlossene Ehe. Die irdische hatte eine andere Dimension. Dieses Gefühl hatte sie gleich bei der ersten Begegnung und es hat sich auch im Laufe der Zeit nicht gewandelt.

Senta hingegen hielt ihren ersten Seitensprung für den Scheidungsgrund von ihrem Mann, mit dem sie heute noch zusammenlebt. Die Wucht des ersten Gefühls, das sich auch noch einige Monate hielt, stellte alles bisherige stark in Frage. Erst mit der Zeit erkannte sie die wahre Bedeutung ihrer Affäre und den Wert ihrer Ehe daneben. Hier hat sich also der erste Eindruck relativiert.

Vanda war so sehr in den neuen Mann verliebt, dass sie bereit war alle Brücken hinter sich abzubrechen und neu anzufangen. Sie musste schließlich neu anfangen, aber auch ohne ihren Liebhaber, der sich irgendwann aus Angst vor einer neuen Verbindlichkeit zurückzog. Heute sagt Vanda, dass diese Begegnung sie in ihrem Kinderwunsch bestätigen sollte, der von ihrem Ehemann so pathologisiert wurde. Außerdem hat sie die Verehrung nach der jahrelangen Infragestellung ihrer Person gebrauchen können. »Vielleicht war ich viel zu ausgehungert, sodass ich vor lauter Glück und Gier die tatsächliche Dimension dieser Liebe nicht sehen konnte.«

Carolin kam beseelt aus dem Urlaub mit ihrem Liebhaber zurück. Obwohl sie wohl die rationalste der Seitenspringerinnen war und sich regelrecht vorgenommen hatte, ihre Familie nicht durch diese Liebesgeschichte zu gefährden, schwebte sie im siebten Himmel, litt unter dem Abschied von ihrem Liebhaber und malte sich in heimlichen Träumen auch manchmal aus, wie möglicherweise ein Leben mit ihm aussähe. Ihr war allerdings klar, das sie einige Zeit brauchen würde, um wieder in ihrem Alltagsleben Fuß zu fassen und dass die überschwänglichen Gefühle nach und nach verblassen würden, was sie auch sollten.

Silke behauptet von sich, dass sie dem Mann, in den sie gerade verliebt war, fast immer einen zu hohen Stellenwert beigemessen habe. Die Männer waren für sie immer Projektionsflächen unerfüllter Träume. Die Ernüchterung kam erst später. Mit Ernüchterung ist hier nicht unbedingt Enttäuschung im schmerzhaften Sinne gemeint.

Jedoch kennen wir die erste Phase der Verliebtheit als die, in der man das Objekt der Begierde bedingungslos verehrt. Die Zeit, in der Essen, Trinken und Schlafen nebensächlich sind und unser Körper und Geist mit unermesslichen Energien angefüllt zu sein scheinen. Alles andere tritt für eine Weile in den Hintergrund und das Gegenüber erscheint in rosarotem Licht. Es ist wie mit einer guten Fotografie, bei der Beleuchtung, Make-up und Weichzeichner so geschickt eingesetzt werden, dass das Modell bei Tageslicht nur enttäuschend sein kann. Diese Ent-täuschung heißt, dass man zwangsläufig nach und nach der Wahrheit ins Gesicht blickt. Alltag und Alltagsmarotten greifen um sich. Der Prinz oder die Fee werden zu irdischen und unvollkommenen Wesen. Nicht wenige brechen an dieser Stelle eine Beziehung wieder ab, um auf die Suche nach dem nächsten ultimativen Hochgefühl zu gehen.

Julia, die ihren Liebhaber hin und wieder mit monatelangen oder sogar jahrelangen Unterbrechungen traf, erlebte meist eine Enttäuschung, weil der reale Liebhaber nicht der war, den sie in der Zwischenzeit in ihren Tagträumen hat entstehen lassen.

Die Bedeutung der Person ist am relativsten, wenn man an die Gespräche über die Urlaubsflirts denkt.

Da reichte oft nur ein Anreiz, um sich einer Affäre hinzugeben, die häufig extrem an Äußerlichkeiten gebunden war. Es ging mehr um das eigene Vergnügen als um die Persönlichkeit, mit der man zu tun hatte.

Welchen Stellenwert der dritte, im Beziehungsgeflecht neue Mensch hat, kann also auf den ersten Blick klar sein, wie bei Marion, oder sich erst nach einer Weile konkreter herauskristallisieren, wenn die Wogen der aufschäumenden Emotionen sich wieder etwas beruhigen.

War das wirklich ich?

Evelyn hat in ihrer ersten Beziehung lange unter der Promiskuität ihres Jugendfreundes gelitten. Sie kam nicht auf die Idee, dass sie die gleiche Veranlagung haben könnte, bis sie auf einer Party heftig umworben wurde und sich in Gedanken an die Untreue ihres Freundes auf diesen Flirt einließ. Trotzdem sprach sie neben den Gefühlen wie Spannung und Kribbeln vom schlechten Gewissen.

Man kann sich in der Tat fragen, wem gegenüber sie das denn glaubte haben zu müssen, war er doch seinerseits der stetig Untreue. »Weiß ich auch nicht«, antwortete sie, »vielleicht mir selbst gegenüber. Ich selbst fand das Fremdgehen eigentlich immer doof. Es verletzte mich und ich wollte meinen Liebsten eigentlich auch nicht verletzen.« Was sie aber tat, denn gegen alle Logik reagierte ihr geliebter Frauenheld ja ausgesprochen empfindlich auf ihren Flirt. Sie konnte dieses Fremdgehen nicht mit sich in Einklang bringen. Heute betrügt sie ihren Lebenspartner aus anderen Gründen und empfindet nicht die Spur eines schlechten Gewissens. Da er sie in erster Linie als Mutter seines Kindes und als Seelenverwandte betrachtet und sie sexuell nicht befriedigt ist, hat sie sich entschlossen, diesen Teil abzuspalten und mit anderen zu leben. Sie will die verbindenden und verbindlichen Lebensbereiche mit ihrem Partner nicht aufgeben, auf Sexualität aber auch nicht verzichten.

Vanda warf der Seitensprung in eine heftige Identitätskrise, da sie nie von sich gedacht hätte, dass sie anders als monogam leben würde. Die Gründe für ihren Seitensprung waren ihr selbst so verborgen, dass sie eine Weile psychotherapeutische Beratung in Anspruch nahm, damit ihr bewusst werden konnte, was dahinter steckte.

»Anfangs habe ich mich ausschließlich mit Schuldgefühlen geplagt und mich mit allem Möglichen selbst bestraft. Heute weiß ich, dass ich gar nicht anders konnte, als auf diese Art aus meiner erstickenden Beziehung auszubrechen. Jetzt kann ich mir verzeihen, aber das hat gedauert.«

Ihr Seitensprung war ein Tribut an die Treue zu sich selbst, sie hat versucht ihr Wesen zu retten, das in der Beziehung nicht mehr leben konnte. Es war in der Tat ein Befreiungsakt. Dennoch hat sie in dem Moment gegen ihre eigene Überzeugung gehandelt.

Sie ist eine von den Frauen, die sich seelische Verbundenheit und erotische Anziehung in einer und zwar ausschließlich in einer Beziehung wünschen. Dass nun ausgerechnet sie den Weg des Fremdgehens gewählt hat, um emotional aus den Verstrickungen ihrer Ehe herauszukommen, hätte sie nie für möglich gehalten.

Hiltrud brauchte die Racheakte, um ihr Selbstwertgefühl, das durch die Seitensprünge des Partners angegriffen war, aufzubauen. Glücklich war sie damit nicht. Sie konnte nicht behaupten, dass sie der Typ »Fremdgängerin« ist. Wobei wir ja hier erleben, dass es diesen einen bestimmten »Typ« gar nicht gibt. Heute lebt sie ohne Beziehung und möchte auch nicht mehr in die Lage kommen, ihr Selbstwertgefühl vom Gefallen eines Mannes abhängig zu machen.

Bei Carolin ist die Verarbeitung kein Problem, da sie Monogamie eh für eine Utopie hält. Es würde sie aber in Seelenqualen stürzen, wenn sie ihre Affäre heimlich leben müsste. Ihre protestantische Erziehung verpflichtet sie zu einem hohen Maß an Eigenverantwortung für ihre Taten. Da sie nicht an Monogamie glaubt, ist es für sie kein Problem mit der Untreue ihrer Familie gegenüber unbefangen umzugehen. Die Lüge aber wäre für sie ein Verlust an Würde. Die Wahrheit zu sagen gehört zu ihren unverrückbaren Grundsätzen. So, wie sich andere beim Fremdgehen unwohl, schuldig oder gespalten fühlen, würde es ihr ergehen, wenn sie ihrem Partner nicht von diesem Teil ihres Lebens erzählen könnte.

Diese Heimlichkeit hält wiederum Anne für ein Zeichen des erwachsenen Verantwortens seiner eigenen Taten. Ihr missfällt die verletzende Offenheit. Aus diesem Grund hat sie mit heimlichen Affären, die nicht an die große Glocke gehängt werden und kein »Blutbad« anrichten, kein Problem.

Die asexuelle Ehe von Senta wiederum hat ein ganzes Szenario von unterschiedlichen Seitensprüngen erlebt. Hat sie zuerst die Begegnung für eine neue große Liebe gehalten, weiß sie heute, dass es reine Kompensation eines Defizits in ihrer Ehe ist. Senta konnte anfangs gar keine andere Erklärung für sich finden als Liebe. Sie war von Kindheit an darauf gepolt, einen Mann zu finden, mit dem sie eine Familie gründet und von dem sie sich niemals trennen wird. Wie konnte sie ihren Seitensprung vor sich selbst anders vertreten? Erst Monate später wusste sie, dass sie sich nicht von ihrem Mann trennen wollte, sondern dass sie den Kontakt zu ihm verloren hatte, ganz abgesehen von der selten befriedigenden Sexualität. Nach mehreren verlockenden Begegnungen wurde ihr immer klarer, dass sie wie erhofft mit ihrem Mann zusammenbleiben würde, aber weder eine Familie mit ihm gründen möchte noch eine leidenschaftliche Beziehung zu ihm haben kann.

»Es hat eine ganze Weile gebraucht, bis ich mich damit arrangieren konnte, dass dies nun einmal meine Lebensrealität ist und die Männerbegegnungen sich auf die Körperlichkeit beschränken, wenn ich sie habe. Da ich meine Prioritäten gesetzt habe, lasse ich mich auch gar nicht mehr auf tiefer gehende Träumereien ein.« Sie veränderte ihr Selbstbild sozusagen von der treuen Ehefrau und Mutter hin zur verheirateten, ihrem Mann sehr verbundenen, kinderlosen Frau mit abgespaltener Sexualität.

Sie sehen auch hier, dass es für jede Frau eine andere Bedeutung und einen unterschiedlichen Einfluss auf ihre Identität haben kann. Mitunter verwandelt sich das eigene Lebensskript durch diese Erfahrung. Vielleicht kommen Sie zu der Erkenntnis, obwohl Sie an die lebenslange Liebe glauben, dass Sie Ihre Liebhaber nicht lieben, sondern »nur« körperlich begehren! Vielleicht löst sich eine bisherige Lebensstruktur komplett auf und erfordert viel Wandlungsfähigkeit. Vielleicht verändert sich Ihr Wertesystem und manchmal müssen Sie die Einschätzung Ihrer selbst gründlich revidieren.

Was bedeutet das für die Beziehung?

Ein Teil dessen, was das Gefühlschaos ausmacht, ist die Vielschichtigkeit der Ebenen, auf die das Fremdgehen einen Einfluss hat. Der Mensch funktioniert nicht wie hier beschrieben hübsch chronologisch und nacheinander. Wenn eine Frau fremdgegangen ist, kann sie nicht erst die Bedeutung der Person des Liebhabers für sich analysieren, danach die Tat in ihr bisheriges Selbst-Verständnis integrieren und dann

154

die Konsequenzen, die das Geschehene auf ihre Beziehung haben soll, ermessen.

Ganz nebenbei oder als Zwischenschritt gilt es ja auch noch zu überlegen, ob sie die Begegnung offen oder heimlich leben will, ob sie die betreffende Person nur einmal, mehrmals oder regelmäßig treffen möchte, wie eng und wie intensiv das Verhältnis sein soll usw. Soll es ein Flirt, eine längere Affäre, eine richtige Zweitbeziehung, ein sexuelles Abenteuer, ein One-night-stand, eine Nebenerwerbsquelle werden? All diese Fragen stürzen mit schonungsloser Gleichzeitigkeit über die Seitenspringerin herein. Meist ist es schwer in solch einer Situation einen klaren Gedanken zu fassen, geschweige denn einen vernünftigen.

So kann in dem ganzen Gewirr die Konsequenz für die bestehende Beziehung schon gezogen sein, bevor sie sich selbst über die Bedeutung des Seitensprungs im Klaren ist und aus dieser Klarheit heraus einen bewussten Schritt macht.

Vanda z.B. erlebte, dass der Stein, der erst einmal ins Rollen gekommen war, in unsagbarer Geschwindigkeit den Berg hinunter rollte. »Das Ganze hatte eine Art Eigendynamik. Ich hatte mich verliebt, war aber bisher nur im telefonischen Kontakt mit diesem Mann. Ich wusste noch überhaupt nicht, wie ich mich dazu verhalten sollte. Mein Mann fragte mich dann irgendwann, was mit mir los sei und als ich es erklärte, hatte ich den Faden auch schon aus der Hand gegeben. Binnen drei Monaten war ich getrennt und lebte allein. Er konnte die Kränkung nicht ertragen.«

In ihrem Fall verlief das Ganze so, dass sie, noch ehe sie sich bewusst werden konnte, was die Begegnung für ihre Beziehung bedeutet, ebendies auch schon zu spüren bekam. In diesem Sinn war es keine ausgiebig und reiflich reflektierte oder bewusst getroffene Entscheidung. Dennoch behauptet sie, dass sie an den Folgen nicht ganz unbeteiligt war. Die Heftigkeit der Reaktionen ihres Mannes erlaubten ihr nicht, noch länger neben ihm unter einem Dach zu leben. Der schnelle Auszug war insofern zwar von ihm gewünscht oder besser gesagt gefordert, von ihr aber auch forciert, weil sie seine Schonungslosigkeit nicht weiter ertragen konnte. Dies insbesondere, weil sie selbst schon Seitensprünge seinerseits mit mehr Geduld und »Verständnis« in ihrer Entwicklung abgewartet und ausgehalten hatte. Hier bedeutete ihre Verliebtheit also das abrupte Ende einer Ehe.

Anne glaubt, dass ihr Dauergeliebter zwar in erster Linie ihr etwas langweiliges, eheliches Sexualleben aufpeppen sollte, doch ein anderer selbstkritisch in den Raum gestellter Verdacht ist, dass zwei Männer einem nicht so nahe kommen können wie einer. »Ich war emotional von keinem der beiden ganz abhängig. Wenn mir etwas zu nah ging oder mir einer auf die Nerven ging oder aber seelisch zu viel von mir wollte, konnte ich immer dichtmachen. Ich hatte ja auch noch den anderen. Wenn ich mir z.B. vorstelle, ich hätte mit meinem Mann über die Verbesserung unseres Sexuallebens streiten müssen, hätte uns die Auseinandersetzung sicher in gewisser Weise auch verbunden. Wir hätten uns in unseren Verletzlichkeiten zeigen müssen. Das kann ich eh nicht gut und er schon gar nicht. Also habe ich das vermieden.« Auch andere Formen der Nähe werden ihrer Erfahrung nach »dünner«, wenn man sein Herz oder/und seinen Körper auch noch an andere verschenkt. Die Emotionen und Bedürfnisse werden gespalten und nicht von einer Person abhängig gemacht. Das ist in gewisser Weise erleichternd. Die Beziehung verliert aber auch ihren ausschließlichen Charakter und wird damit weniger bedeutsam.

Für Senta hingegen ist der außereheliche sexuelle Kontakt auch eine Bedingung für das Bestehen der fast asexuellen Beziehung zu ihrem Ehemann. Würde sie sich diese kleinen Nebenschauplätze nicht gönnen, könnte sie die Körperfeindlichkeit ihres Mannes nicht dauerhaft ertragen. Wünschen würde sie sich das ganz anders, aber zwingen kann sie ihn auch nicht. Hier ist das Fremdgehen sozusagen der Kitt der Ehe.

In auffallend vielen Gesprächen kam an dieser oder jener Stelle immer mal wieder das Thema Selbstwertsteigerung auf. Sich durch das Begehren eines anderen aufzuwerten, schien oft notwendig zu sein, wenn eine Zeit der Vernachlässigung oder gar Abwertung vorausging. »Ich brauchte die Anerkennung durch meine beiden außerehelichen Liebhaber so sehr, weil mein Freund mich irgendwie wie einen selbstverständlich vorhandenen Teil seines Lebens betrachtete und behandelte. Unser Alltag war langweilig und fade geworden und ich hatte das Gefühl, dass er kaum noch bemerkte, ob ich in seinem Tagesablauf nun noch vorkam oder nicht«, meinte Silke, nach der Bedeutung ihrer Affären befragt.

Die zur Mutter reduzierten Partnerinnen gaben als Grund die Bestätigung des Frauseins und die »Wiederbelebung« ihrer Weiblichkeit als Gründe an. Die Bedeutung für die Beziehungen waren unterschiedlich. Einige der Frauen benutzten die Affäre als Aufpolierung ihres weiblichen Selbstwertgefühls, für andere wurde dadurch die Verletzung durch die Reduzierung oder Vernachlässigung so deutlich, dass sie die feste Beziehung oder Ehe beendeten. Manchmal geschah dies nicht sofort oder beim ersten Mal, sondern erst nach einer ganzen Zeit, in der die Hauptbeziehung so unzufriedenstellend weitergeführt wurde.

Für Caroline, die sich und ihrem Mann die Promiskuität durchaus gestattet, ist das Fremdgehen von großer Bedeutung für die Beziehung. Sie glaubt, dass sie auf diese Weise nicht davon ausgehen muss, in ihrem Leben etwas verpasst zu haben. »Vielleicht hätte ich sonst oft Fluchttendenzen gehabt, weil ich mich zu sehr eingeengt gefühlt hätte. Meinem Mann geht es sicher genauso.«

Auch Julia, die ihren Lover nur in großen Abständen trifft, hält dies für die Bedeutung, die ihre Zweitbeziehung für ihre Ehe hat. Sie schätzt die Toleranz ihres Partners und hatte deshalb noch nie das Bedürfnis, ihn zu verlassen und sich »austoben« zu müssen.

Evelyn glaubt, eine ganze Menge Aggressionen, die sie gegenüber ihrem Mann hat, auf diese Weise abzufackeln. Sie fühlt sich von ihm als lustbetonte Frau nicht gesehen. »Manchmal zieh ich wirklich mit so einer Glut im Bauch um die Hecken, dass ich ohne schlechtes Gewissen meine verschmähte Erotik genussvoll auslebe.« Vielleicht würde ihr Mann mit mehr Wut und Enttäuschung konfrontiert, wenn nicht ihre kurzen Affären wären. Vielleicht würde sie sich aus Zorn sogar trennen.

Für Marion hat die Seelenverwandtschaft mit ihrem Liebhaber keinen Einfluss auf ihre Ehe. Für ihren Mann war das ganz anders und nicht zuletzt deswegen hat er sich getrennt. Hier wird die Konsequenz wieder einmal eher vom Partner bestimmt und gezogen als von der fremdgehenden Person selbst.

Alle diese Beispiele reichen, um auch hier vor einer Generalisierung in Sachen Auswirkungen auf die Beziehung zu warnen. So unterschiedlich wie die Seitenspringerinnen, so unterschiedlich wie ihre Beziehungen und so unterschiedlich wie die anderen »Mitspieler« in diesen Geschichten, so verschieden sind auch die Auswirkungen, die das Fremdgehen auf die jeweilige Hauptbeziehung hatte.

Die mancherorts gerühmte Chance, die in dieser Krisenzeit für ein Paar stecken soll, ist in den Gesprächen nicht zur Sprache gekommen. Sicherlich kann aber auch die darin implizierte Neustrukturierung, Belebung und Verbesserung der Hauptbeziehung eine Folge dieses Aufrührens der Beziehungsverhältnisse sein.

Fremdgehen ganz individuell

Frauen gehen in nicht unerheblichem Maß fremd. Sie tun es nicht nur aus Liebe. Sie tun es aus ganz persönlichen und vielleicht beunruhigend unterschiedlichen Gründen.

Sie gehen damit allerdings meist anders um als Männer. Sie hängen es aus den genannten Gründen nicht unbedingt an die große Glocke oder brauchen es nicht als Beweis ihrer weiblichen Potenz. Wie sie damit im Nachhinein verfahren ist höchst individuell gefärbt und situationsabhängig. Die am häufigsten genannten Gründe sind: Abwertung oder Nichtbeachtung in der Beziehung, Reduzierung auf Heilige oder Hure und hohe Libido. All dies widerspricht den gängigen Klischees von Frauen und beweist deren Vielfalt und Nichtmessbarkeit. Bei aller Liebe zu Zehn-Punkte-Plänen und Patentrezepten siegt die Individualität.

In unserer Zeit gilt die Wissenschaft als die herrschende Instanz, was die Auslegung unserer Welt betrifft. Die Sehnsucht nach Wahrheit, Regeln und

Gesetzmäßigkeiten ist groß. Sie stillen das Bedürfnis nach Orientierung und Einteilung in richtig und falsch und gut und böse. Da weiß man, wo es langgeht und woran man sich halten kann. Die über weibliche Sexualität verkündeten Wahrheiten bestimmen unser Lebensgefühl. Wem das zugute kommt, darüber wird hier nicht weiter spekuliert.

Danksagung

Ich möchte mich bedanken bei allen Frauen, die mir ihr Vertrauen geschenkt haben und über ihre intimsten Gedanken, Gefühle und Handlungen berichteten. Besonders gilt dieser Dank den Interviewpartnerinnen, die sich dafür die Zeit genommen haben und an dieses Buch glaubten.

Ich möchte mich bei Michael bedanken, der penetrant daran festhielt, dass ich diese Interviews zu einem Buch verarbeiten werde und mich damit sehr unterstützt hat.

Ich danke Inge für Korrekturlesestunden und konstruktive Kritik.

Vielen Dank, Anna, dass du mit deinen fast drei Jahren noch immer einen Mittagsschlaf gemacht hast, der mir Zeit für das Schreiben ließ.

Literatur

Badinter, Elisabeth: *Die Mutterliebe*, dtv, München 1984

Benard, Cheryl, und Schlaffer, Edith: *Viel erreicht und nichts begriffen*, Rowohlt, Hamburg 1985

Clauss, Manfred: *Kleopatra*, Beck, München 1995

Döbler, Hannsferdinand: *Eros, Sex, Sitte*, Bertelsmann, München 1971

Fischart, Johannes: *Das philosophische Ehezuchtbüchlein*, Musarion, Straßburg 1578

Ebner-Eschenbach, Marie von: *Gesamtausgabe*, Winkler, München 1893

Ehrhardt, Ute: *Liebe Mädchen kommen in den Himmel, böse Mädchen kommen überall hin*, Krüger, Frankfurt am Main 1994

Estés, Clarissa P.: *Die Wolfsfrau*, Heyne, München 1993

Gottman, John M.: *Die 7 Geheimnisse der glücklichen Ehe*, Marion von Schröder, München 2000

Hellinger, Bert: *Ordnungen der Liebe*, Carl Auer, Heidelberg 1984

Kästner, Erich: *Zeitgenossen, haufenweise Gedichte*, Carl Hanser, München/Wien 1998

Lohmann, Catharina: *Frauen lügen anders*, Fischer, Frankfurt a.M. 2000

Pittmann, Frank: *Private Lies- Infidelity and the betrayal of intimacy*, Norton, New York 1990

Röhl, Wolfgang: »Ein Zwist, der nie zu Ende geht«, in: Stern Nr. 38, September 2001

Rousseau, Jean-Jacques: *Emile oder von der Erziehung*, Winkler, München (Nachdruck von 1780)

Sibylle Weischenberg
Wir können auch anders!
Feine & fiese Erfolgsstrategien für Frauen
Mit den besten Tricks der VIPs

176 Seiten, Broschur mit silbernem Spiegelcover
ISBN 3-7205-2233-4

Frauen wissen: Auf dem Weg nach oben wird ihnen
nichts geschenkt. Daher müssen ihre Erfolgsstrategien
so vielfältig wie das richtige Leben sein. Und das ist oft fair
und nett, immer öfter aber ziemlich fies.

Die Gesellschaftsreporterin Sibylle Weischenberg hat aus ihren
unzähligen Gesprächen mit den Stars und Promis dieser Welt
die besten Erfolgsstrategien für Frauen herausgefiltert.
Sie zeigt, wie Frauen sich selbstbewusst und fair
durchsetzen – und wie sie (natürlich nur im Notfall) einem
unfairen Konkurrenten auch mal von hinten ins Knie treten.

Sabine Jansen-Nöllenburg
Der Männertest

192 Seiten, Broschur
ISBN 3-7205-2288-1

Ihr »Traummann« zeigt die ersten Macken?
Nun bloß nicht die Augen verschließen, es könnte Ihnen
irgendwann Leid tun!
Testen Sie schnell und unter Einsatz Ihrer Lachmuskeln,
wie er sich mit wenig Aufwand ändern lässt.
Oder ob er zwar für eine Affäre, nicht aber für einen
»Lebensabschnitt« gut ist.

Ein garantiert partytaugliches Vergnügen.

Phyllis Mindell
Starke Frauen sagen, was sie wollen

336 Seiten, Broschur
ISBN 3-7205-2141-9

Wo herkömmliche Rhetorikbücher aufhören, fängt
Phyllis Mindell an. Sie zeigt konkret und sofort umsetzbar,
wie Frauen sich eine »Sprache der Stärke« für mehr Erfolg im
Beruf aneignen können. Dabei nimmt sie alle Bereiche der
Kommunikation ins Visier: Sprechen, Körpersprache, Schreiben,
instrumentelles Lesen und aktives Zuhören.

Weiter beleuchtet sie, wie Frauen von Netzwerken und Mento-
ring profitieren und sich als Vorgesetzte positiv Respekt verschaffen können. Die Methoden und Praxistipps der
erfolgreichen Unternehmensberaterin wurden sämtlich in der
Wirtschaft erprobt und haben sich über Jahre bewährt.
Ein Buch, das aus Frauen nicht »bessere Männer«, sondern
stärkere Frauen macht.